建设工程法教程

主 编 魏 琼 张 晶

西南交通大学出版社
·成 都·

图书在版编目（CIP）数据

建设工程法教程 / 魏琼，张晶主编. ——成都：西南交通大学出版社，2023.12
ISBN 978-7-5643-9634-3

Ⅰ.①建⋯ Ⅱ.①魏⋯ ②张⋯ Ⅲ.①建筑法 – 中国 – 高等学校 – 教材 Ⅳ.①D922.297

中国国家版本馆 CIP 数据核字（2024）第 008824 号

Jianshe Gongchengfa Jiaocheng

建设工程法教程

主　编	魏　琼　张　晶
责任编辑	赵玉婷
封面设计	何东琳设计工作室
出版发行	西南交通大学出版社 （四川省成都市金牛区二环路北一段 111 号 西南交通大学创新大厦 21 楼）
邮政编码	610031
营销部电话	028-87600564　　028-87600533
网　址	http://www.xnjdcbs.com
印　刷	成都中永印务有限责任公司
成品尺寸	185 mm × 260 mm
印　张	9.25
字　数	217 千
版　次	2023 年 12 月第 1 版
印　次	2023 年 12 月第 1 次
书　号	ISBN 978-7-5643-9634-3
定　价	27.00 元

课件咨询电话：028-81435775
图书如有印装质量问题　本社负责退换
版权所有　盗版必究　举报电话：028-87600562

PREFACE 前言

  建筑工程是人类文明存续和发展不可或缺的物质基础，关乎社会大众的生命财产安全与生活质量。建筑行业对国民经济的增长贡献巨大，能促进建材、冶金、化工、电子、运输等 50 多个相关产业的发展。建设工程活动的公共性、技术性等特征使普遍适用的一般性法律规范难以全面厘清建设工程活动的权利义务，为此，专门针对建设工程活动颁行特别法律规范已成为各国惯例。

  改革开放以来，我国的建筑业取得了长足进步，颁行了大量规范建设工程活动的法律、法规、行政规章，并且已逐渐形成了较为完备的建设工程法律体系。然而，我国法学界关于建设工程法的专门研究和教学尚不繁荣，为法学本科学生编写的建设工程法方面的教材更少。结合学校的优势工科背景，西南交通大学法学本科专业开设了建设工程法理论与实务方向的特色课程，本书即为该门特色课程的教学而撰写。

  本书分为建设工程法概述和建设工程的具体法律制度两部分，包括四章，即建设工程法概述、建设工程用地制度、建设工程合同制度、建设工程监督制度，其内容基本涵盖了我国建设工程领域现行有效的全国性法律、行政法规及司法解释，在讨论建设工程法基本法理问题的基础上，系统研究了建设工程活动所涉的各种法律关系，重点介绍了建设工程专门法的内容并突出对案例的分析，旨在使读者全面了解建设工程法，培养其分析、解决建设工程法律问题的实践能力。

  本书不仅提供法律规范相关知识点，还配有大量案例并分析了其中的争议焦点及处理方案，具有法律规范与其应用案例相结合的显著特点。本书既可作为高校法学本科的课程教材、法学研究生的参考用书，又能为建筑业从业人员的学习和实践提供直接的参考。

  本书撰写工作始于 2017 年，因《中华人民共和国民法典》的出台及《中华人民共和国土地法》及其实施条例等的修改，本书进行了多次的修改和调整。本书由魏琼拟定结构并统稿，第一章由魏琼与蒲佳佳撰写，第二章由魏琼与马文元撰写，第三章由魏琼与张靖璇撰写，第四章由张晶、李书亭撰写。四川维信律师事务所的王从科律师、于陶律师、易蕾律师用长期从事建设工程司法实践积累的经验为本书的撰写提供了帮助，本书部分案例源于他们承办的案件，谨此表示衷心的感谢！

CONTENTS 目 录

第一章 建设工程法概述 ... 1
第一节　建设工程活动与建设工程法理 ... 1
　一、建设工程活动的界定 ... 1
　二、建设工程法的概念与特点 ... 3
　三、建设工程法的调整对象 ... 4
第二节　建设工程法的体系与渊源 ... 5
　一、我国建设工程法律体系的构成 ... 6
　二、我国建设工程法的主要渊源 ... 7
第三节　建设工程法的基本原则 ... 8
第四节　建设工程的法律责任 ... 10

第二章 建设工程用地制度 ... 12
第一节　建设用地使用权制度 ... 12
　一、国有建设用地使用权制度 ... 12
　二、集体建设用地使用权的取得制度 ... 18
　三、建设用地规划管理制度 ... 19
第二节　国有土地上房屋的征收与补偿安置制度 ... 23
　一、国有土地上房屋征收与补偿的界定 ... 23
　二、国有土地上房屋的征收 ... 25
　三、征收国有土地上房屋的补偿 ... 28
　四、法律责任 ... 34

第三章 建设工程合同制度 36

第一节 建设工程合同的订立制度 37
一、建设工程的发包与承包制度 37
二、建设工程的招投标制度 43
三、建设工程的政府采购制度 55

第二节 建设工程合同的效力制度 58
一、建设工程合同的有效要件 58
二、建设工程合同的效力待定 59
三、建设工程合同的可变更或可撤销 60
四、建设工程合同的无效 62

第三节 建设工程合同的履行制度 68
一、建设工程合同履行的原则 68
二、建设工程合同履行中的抗辩权 72

第四节 建设工程合同的变更与终止 76
一、建设工程合同的变更 76
二、建设工程合同的终止 80

第五节 建设工程施工合同的索赔与违约责任 82
一、建设工程施工合同的索赔 82
二、建设工程合同中的违约责任 84

第四章 建设工程监督制度 88

第一节 建设工程质量的政府监督制度 88
一、建设工程质量的政府监督机制 89
二、建设工程的执业资格管理制度 90
三、建设工程的施工许可制度 92
四、建筑工程的建设标准 94
五、建筑工程的竣工验收 97

六、建筑工程的质量保修 99
第二节 建设工程行为主体的质量保障义务与责任 103
一、建设单位的质量保障义务及法律责任 104
二、勘察单位的质量保障义务及法律责任 107
三、设计单位的质量保障义务及法律责任 109
四、施工单位的质量保障义务及法律责任 111
第三节 建设工程的监理制度 116
一、建设工程强制监理的范围 116
二、工程建设监理与业主、承包商的法律关系 117
三、业主的权利、义务和责任 118
四、监理的权利、义务和责任 119
第四节 建设工程的安全生产制度 123
一、建设活动主体对安全生产应承担的主要义务 123
二、建筑安全事故的处理 125
第五节 建设工程的消防与节能环保制度 129
一、建筑工程的消防制度 129
二、建筑工程的节能制度 131
三、建设工程的环境保护制度 134

参考文献 139

第一章 建设工程法概述

第一节 建设工程活动与建设工程法理

"建设工程法"中的"工程"即建筑物,包括普通的房屋建筑物和铁路、公路、机场、港口、矿井、水库、通信线路等特殊建筑物;"建设"指各类建筑物及其附属设施、配套的线路、管道、设备的建造(新建、扩建和改建)、安装、装饰、装修活动。

一、建设工程活动的界定

建设工程法的规范对象是建设工程及其管理活动中所发生的各种社会关系。因此,弄清建设工程及其管理活动的具体内容是理解建设工程法的前提。建设工程活动需要符合建设工程本身的特点并按照自然规律和经济规律要求的顺序进行。根据我国建设工程法的规定,从顺序上看,建设工程及其管理活动依次主要包括前期阶段、准备阶段、实施阶段、竣工验收与保修阶段等,各阶段又分为多个环节。

(一)前期阶段的建设工程活动

前期阶段是对工程项目投资合理性的决策分析阶段,将从根本上决定投资收益。政府投资建设工程项目,其前期阶段必须严格按投资意向、投资机会分析、项目建议、可行性研究、审批立项的程序进行,非政府投资建设工程的前期阶段仅需经审批立项环节,其他环节由投资人自行决定。其中:

"项目建议书"是投资机会分析结果的书面文件,应论证拟建工程的必要性、客观可行性和获利的可能性。需国务院审批的投资项目建议书,由省级投资主管部门报国家投资主管部门审批。其他项目的项目建议书,按地方政府的有关规定审批。"可行性研究"是项目建议书批准后,对拟建项目的技术可行性、经济合理性等内容的分析论证,法律法规对其具体内容和所应达到的深度有明确的规定。能作为投资决策依据的可行性研究报告须先经有资格的咨询机构的评估确认。"审批立项"是政府主管部门对可行性研究报告的审查批准程序,审查通过后即予以立项,正式进入工程项目的建设准备阶段。对《政府核准的投资项目目录》(2016年本)内的项目,由投资企业提交项目申请报告,由国家投资主管部门核报国务院核准或审批;对该目录外的项目,由投资企业按属地原则向地方投资主管部门备案。《国家发展改革委核报国务院核准或审批的固定资产投资项目目录(试行)》中明确规定,中央统还国外贷款 5 亿元及以上项目,使用中央预算内投资、中央专项建设基金、统借自还国外贷款的总投资 50 亿元及以上项目,其可行性研究报告需报国务院审批。

（二）准备阶段的建设工程活动

准备阶段是为勘察、设计、施工创造条件进行建设现场、建设队伍、建设设备等准备工作的阶段，包括规划、征地、拆迁、报建、招标投标等主要环节。其中：

"规划环节"中，在规划区内建设工程，需符合城市规划或村庄、集镇规划的要求，工程的选址和布局需取得城市规划行政主管部门或村、镇规划主管部门的同意、批准。在城市规划区内建设工程，需先领取城市规划行政主管部门核发的选址意见书、建设用地规划许可证、建设工程规划许可证。"征地环节"中，在国有土地上建设工程的，其建设用地使用权须通过国家出让或划拨取得，在集体所有的土地上建设工程的，须先由国家征收农民土地，再将土地使用权出让或划拨给建设单位或个人。"拆迁环节"中，取得土地使用权后，由政府房屋征收部门对原房屋所有人给予补偿和安置，原房屋所有人搬迁后，再进行拆除原有土地上的房屋和附属物。"报建环节"中，建设项目被批准立项后，建设单位或其代理机构对被批准立项的建设工程项目，持工程项目立项批准文件、银行出具的资信证明、建设用地的批准文件等资料，向当地建设行政主管部门或其授权机构进行报建。未报建者，不得办理招标手续和发放施工许可证，设计、施工单位不得承接该项目的设计、施工任务。"招标投标"中，对拟建工程进行发包，以择优选定工程勘察设计单位、施工单位或总承包单位。

（三）实施阶段的建设工程活动

实施阶段是实施建设工程的具体工作的阶段，包括勘察设计、施工准备、工程施工等主要环节。其中：

勘察服务于工程建设的全过程，设计与勘察密不可分，只有通过勘察取得足够的地质、水文等基础资料后才能进行工程的设计，设计文件是制定建设计划、组织工程施工和控制建设投资的依据，设计文件中的施工图涉及公共利益、公众安全和工程建设强制性标准，要通过法定审查机构按法律规定的合格性审查才能使用。施工准备包括施工单位在技术、物质方面的准备和建设单位取得开工许可两方面内容。施工单位在接到施工图后，要熟悉、审查图纸，编制施工组织设计并进行计划、技术、质量、安全、经济责任的交底，下达施工任务书，准备工程施工所需的设备、材料等。建设单位在满足法律规定的条件后，需按规定向工程所在地县级以上人民政府建设行政主管部门申领并获得施工许可证后，才能开工。工程施工是施工队伍具体配置各种施工要素，将工程设计物化为建筑产品的过程，也是投入劳动量最大、所费时间较长的工作，具体包括施工调度、施工安全、文明施工、环境保护等几方面内容。

（四）竣工验收与保修阶段的建设工程活动

建设工程活动实施阶段完成后，进入竣工验收和保修阶段。工程项目按设计文件规定的内容和标准全部建成，并按规定将工程内外全部清理完毕后称为竣工，交付竣工验收的工程必须符合法定的条件。工程验收合格后，方可交付使用，建设单位应在规定的时间内向建设行政主管部门或其他相关部门移交建设项目档案。工程竣工验收交付使用后，在保修期限内，承包单位要对工程中出现的质量缺陷承担保修与赔偿责任。

二、建设工程法的概念与特点

建设工程法有狭义与广义之分。狭义的建设工程法是国家立法机关制定的统一调整建设单位、建设活动中的市场准入、工程发包与承包、勘察、设计、施工、竣工验收直至交付使用等各个环节所发生的各种社会关系的法律规范，具体指《中华人民共和国建筑法》，简称《建筑法》。该法于1997年11月1日颁布，经2011年4月、2019年4月两次修正，共8章，85条，主要内容包括总则、建筑许可、建筑工程发包与承包、建筑工程监理、建筑安全生产管理、建筑工程质量管理、法律责任和附则。其中，建筑安全生产管理、建筑工程质量管理已被《建设工程安全生产管理条例》《建设工程质量管理条例》细化。《建筑法》调整的地域范围是中华人民共和国境内，但不包括香港、澳门特别行政区和中国台湾地区；调整的主体包括建设单位、勘察设计单位、施工企业、监理单位、建筑行政管理机关，同时也包括从事建筑活动的专业技术人员；调整的行为是各类房屋建筑及其附属设施的新建、改建、扩建、维修、拆除、装饰装修活动，以及线路、管道、设备的安装活动，其基本制度同样适用于铁路、民航、交通运输、水利等其他专业建筑活动；省、自治区、直辖市人民政府确定的小型房屋建筑工程的建筑活动，参照该法执行，依法核定作为文物保护的纪念建筑物和古建筑等的修缮依照文物保护的有关法律规定执行；抢险救灾及其他临时性房屋建筑和农民自建低层住宅的建筑活动，不适用该法的规定。广义的建设工程法包括《建筑法》，是调整政府机构、企事业单位、社会团体及公民之间，在建设工程及其管理活动中所发生的各种社会关系的法律规范的总称，属领域法范畴。与传统部门法相较，广义的建设工程法有以下三个显著的特征。

（1）公私法结合。建设工程法调整的法律关系广泛，既包括民商事等私法关系，也包括行政、刑事等公法关系，其调整方法除包括民事方法外，还包括行政、刑事方法。调整对象的广泛性、调整方法的多样化导致建设工程法具有鲜明的公私法结合特征。

（2）经济性。建设工程法规范的建设活动与生产、交换、消费等联系更为密切，直接为社会创造财富，经济性色彩浓重。

（3）技术性。建设工程的质量关涉人们的生命和财产安全，建设活动是高技术性、高安全要求的生产活动，要求保证工程的质量和人们的生命财产安全。为此，需要制定大量技术类规范的建设法规，如工程的设计、施工、验收、质量监测等技术规范；所制定的非技术规范类建筑法规，也需以满足相关技术性规范的要求为前提。

本书以广义的建设工程法为研究对象。

三、建设工程法的调整对象

建设工程法的调整对象是在建设工程活动中所发生的各种社会关系，主要包括建设工程活动中纵向的行政管理关系和横向的经济协作关系。开展建设工程活动涉及土地征用、房屋拆迁、财产及相关权利的转让等问题，其中的政府机关、企事业单位和公民之间的权利与义务关系需要建筑工程法及民法等相关法律来规范和调整；建设工程活动与经济发展、生命财产安全等高度相关，需要政府进行全面管理，从而形成建设行政主管部门与建设单位、设计单位、施工单位、建筑材料和设备的生产供应单位及建设监理等中介服务单位之间的管理与被管理关系，需要建设工程法加以规范和调整。建设工程活动非常复杂，需多个企业和人员的参与才能协作完成，这导致工程建设活动出现大量的不同主体之间的合作伙伴之间的权利、义务关系，也需由建设工程法来加以规范、调整。具体而言，这些法律关系大体可分为三类。

1. 因建设工程用地而产生的纵向与横向法律关系

它包括政府与相对人之间的征地补偿法律关系、政府与用地人之间的土地使用权无偿划拨或有偿出让的法律关系、原土地使用权人与用地人之间的土地使用权转让法律关系等。

2. 因建设工程活动而产生的横向合同法律关系

它包括建设工程勘察合同、建设工程设计合同、建设工程施工合同等法律关系。建设工程勘察合同是指工程建设单位或项目管理单位与具备相应工程勘察资质的单位订立的，查明、分析、评价建设场地的地质地理环境特征和岩土条件，编制建设工程勘察文件的合同；建设工程设计合同是指工程建设单位或项目管理单位与具备相应设计资质的单位订立的，以综合分析、论证建设工程所需的技术、经济、资源、环境条件为手段，以编制建设工程设计文件为目的的合同。建设工程施工合同是指建设单位与施工单位订立的，建设单位支付工程价款、提供施工条件，施工单位完成工程建设的合同。

与一般的民事合同相较，因建设工程产生的横向合同在合同主体、订立方式和合同内容上具有特殊性。该类合同的主体大多数必须具备国家规定的相应资质，如勘察设计单位必须具备勘察设计资质，施工单位按建筑面积、造价、层高等具有不同资质划分等；该类合同的订立往往需要经过一系列法定的程序，如必须公开招投标的项目发包方必须招标，承包人必须通过投标中标进行施工；该类合同的内容法定性更强，建筑工程法中平等的民事主体之间的权利和义务不仅是当事人意思自治的体现，还要受更多强制性行政管理规范的约束。

3. 因监督管理建设工程而形成的纵向法律关系

它包括政府直接监督管理与政府委托建筑行业机构监督管理建设工程两种方式。建设工程行政管理部门在对"建设"（建设行为）和"工程"（建设行为的结果）进行监管的过程中产生的行政监管关系具体包括：（1）对建设行为主体的监管，主要包括对建设工程主体的资质进行的监管；（2）对建设工程合同的监管，主要包括对勘察设计合同、监理合同、施工合同的备案监管；（3）对工程建设过程中的安全生产进行监管，对施工过程中的噪声、环境污染的监管；（4）对建设行为结果的监管，包括对工程建设的质量监管，对工程竣工验收环节涉及的消防、环保、节能等的监管。

建设工程行政监管法律关系具有范围广泛、方式多样、结果确定的特征。政府对建设工程的监管渗入工程建设的每一个环节，从建设项目的审批、核准到一系列工程合同的签订备案，再到具体的施工过程以及工程竣工验收，都必须在建设行政主管部门的管控下；政府采用核准、审批、备案、组织验收等多种多样的监管方式；法律为被监管者不满足监管要求规定了特定的结果，如建设工程合同未备案将被确认为无效合同，超过规划部分的房产不合法，不满足消防安全条件的不能通过消防验收，等等。建设行业市场失灵的客观存在，为政府特殊监管建设行业提供了必要性。建设行业存在的市场失灵主要表现为：信息不对称（建设行为的技术性、建设工程的隐蔽性）、负外部性（建设工程的瑕疵问题可能给第三人乃至不特定的多数人带来损害，建设工程活动可能浪费能源、可能污染环境）。

以上三种社会关系皆因进行建设工程活动而形成，与其他活动所形成的社会关系有共性但也有较大差异，在适用一般法律规范解决共性问题的同时，需要由建设工程法进行特别的规范和调整。

思考题

1. 根据建设工程法的规定，我国建设工程及其管理活动包括哪些阶段？各阶段包括哪些主要的环节？
2. 简述建设工程法的概念、特征及其调整对象。

第二节 建设工程法的体系与渊源

法律体系指在宪法规范之下，横向同位阶的法律规范之间，纵向不同位阶的法律、行政法规和部门规章、地方性法规和规章的法律规范之间所形成的相互衔接、相互补充、相互协调的统一框架结构。法律体系的构成指法律体系采取的结构形式。从横向构成上看，专门领域的同位阶的法律规范由两部分构成，一是普通法中与专门领域相关的法律规范，二是专门领域的法律规范。从纵向构成上看，专门领域的法律体系由诸多不同位阶的法律规范组成，其结构形式除宪法相关法律规范外，主要有宝塔形和梯形两种。宝塔形结构形式是基本法+专项法律+专项行政法规及部门规章+地方性法规和规章构成，基本法规定该领域内可能涉及的所有问题，专项的法律、行政法规、部门规章则对某个具体问题做专门的规定。梯形结构形式则没有基本法律，由若干并列的专项法律+对应的专项行政法规和部门规章+地方性法规和规章组成，形成若干相互联系而又相对独立的小体系。

建设工程法是规范建设工程及其管理活动的法律、行政法规、部门规章、地方立法和司法解释等组成的法律体系，是国家整体法律体系的组成部分，须与宪法和相关法律保持一致，同时，建设工程专项法律体系内部相对独立，覆盖建筑工程全过程。

一、我国建设工程法律体系的构成

根据《中华人民共和国立法法》有关立法权限的规定，我国建设工程法律体系的纵向构成由五个位阶的法律规范组成。其中，越往下法律效力越低，若低位阶法律规范的内容与高位阶法律规范的内容相抵触，其相应规定将被视为无效。

1. 宪法中与建设工程相关的法律规范

宪法是国家的根本大法，由国家最高权力机关制定、通过和修改。作为根本法，宪法具有最高的法律效力，其他法律法规的制定必须以宪法为依据，不得与之抵触、冲突。

2. 建设工程的法律规范

它包括专门的建设工程法律和其他法律中涉及建设工程的法律规范。法律具有仅次于宪法的法律效力，由全国人民代表大会及其常务委员会制定，包括涉及刑事、民事、国家机构等方面的基本法和基本法之外的法律。基本法如《中华人民共和国民法典》《中华人民共和国刑法》等，基本法之外的法律如《中华人民共和国建筑法》《中华人民共和国土地管理法》《中华人民共和国招标投标法》等。

3. 建设工程的行政法规

行政法规的效力次于宪法和法律，由国务院根据宪法、法律或者全国人大常务委员会的授权制定。与建设活动相关的行政法规如《建设工程安全生产管理条例》《建设工程勘察设计管理条例》《建设工程质量管理条例》等。

4. 建设工程的部门规章

部门规章是指国务院各部门根据法律法规和国务院的决定、命令等，依照法定程序制定的规定、办法等规范性文件的总称，效力低于宪法、法律和行政法规。与建设活动相关的部门规章如《建筑企业资质管理规定》《工程监理企业资质管理规定》《房屋建筑和市政基础设施工程施工招标投标管理办法》等。

5. 建设工程的地方性法规和规章

地方性法规指享有地方性法规制定权的地方国家权力机关制定的在本行政区域范围内实施的规范性文件。依照我国法律规定，省级人民代表大会及其常务委员会、省会城市以及国务院批准的较大的市的人民代表大会及其常务委员会有权制定地方性法规。地方规章是指省级政府、省会所在地城市及国务院批准的较大的市的人民政府，制定的在本行政区域内实施的规范性文件，其不得与宪法、法律、行政法规、部门规章、地方性法规相抵触。

此外，与建设工程相关的国际条约和国际惯例也是建设工程法律体系的组成部分。国际惯例是各国在实践中形成的一种有法律约束力的行为规范，国际条约是各国之间缔结的双边和多边条约、协定等文件。在涉外建设活动中，凡是与工程建设相关的国际惯例和国际条约，只要我国已经加入并未声明保留的条款，都应当遵守。

二、我国建设工程法的主要渊源

因建设工程领域同法律位阶的法律规范由普通法中与建设工程活动相关的法律规范与建设工程领域的专门法律规范两部分组成，其法律渊源包括普通法和建设工程专门法两种类型。

（一）我国建设工程法主要的普通法渊源

我国建设工程法的普通法渊源以民事法律和行政法律为主，数量众多。

我国法律位阶的与建设工程相关的普通法渊源主要包括《中华人民共和国民法典》《中华人民共和国土地管理法》《中华人民共和国行政许可法》《中华人民共和国行政强制法》《中华人民共和国行政处罚法》《中华人民共和国行政复议法》《中华人民共和国行政诉讼法》《中华人民共和国国家赔偿法》《中华人民共和国政府采购法》《中华人民共和国招标投标法》《中华人民共和国民事诉讼法》《中华人民共和国安全生产法》《中华人民共和国消防法》《中华人民共和国防震减灾法》《中华人民共和国环境保护法》《中华人民共和国环境影响评价法》《中华人民共和国节约能源法》《中华人民共和国循环经济促进法》《中华人民共和国大气污染防治法》《中华人民共和国人民防空法》等。

我国行政法规、规章位阶的与建设工程相关的普通法渊源主要包括：《中华人民共和国行政复议法实施条例》《中华人民共和国政府采购法实施条例》《安全生产许可证条例》《生产安全事故报告和调查处理条例》《中华人民共和国招标投标法实施条例》《招标公告和公示信息发布管理办法》《中华人民共和国土地管理法实施条例》等。

（二）我国建设工程法主要的专门法渊源

新中国成立初期，为适应经济建设和发展的需要，当时的政务院及相关行政主管部门分别制定颁行了多部建筑程序、设计、施工及成本管理等方面的规范，但规范之间缺乏体系性且缺少建筑工程的专门法律。1978年改革开放以来，随着经济体制改革的不断深入和法制建设的不断加强，建筑工程领域的立法逐渐成为国家法律体系的重要组成部分，其法律规范之间的系统性逐渐得到重视。1990年，原建设部制定的《建设法律体系规划方案》标志着我国建设法律规范系统化的开始。该方案提出，我国建设法律法规体系采用梯形结构形式，不设基本法，由城乡规划法、市政公用事业法、村镇建设法、风景名胜区法、工程勘察设计法、建筑法、城市房地产管理法、住宅保障法共 8 部专项法律+城市规划法实施条例等 39 部行政法规+建设行政主管部门和各省人大及政府制定和颁行相应的行政规章、地方性法规和规章构成。根据该规划方案和经济发展的需要，我国先后颁发了一系列专项的建设工程法。2008年，建设部被调整为住房和城乡建设部后，适时调整了建筑工程法律体系，印发了《住房和城乡建设法律法规框架》，将建设法律法规归纳为城乡规划法、住宅和房地产法、工程建设法、城市建设法及与这些法律配套的 30 部行政法规。至 2022 年止，我国已经颁行了多项专门建设工程法律和数量庞大的建设工程行政法规。

我国现行有效的建设工程专门法律形式的渊源主要有《中华人民共和国城乡规划法》《中华人民共和国城市房地产管理法》《中华人民共和国测绘法》《中华人民共和国建筑

法》等。

我国现行有效的建设工程专门行政法规、部门规范性文件形式的渊源主要有《住房和城乡建设行政处罚程序规定》《保障农民工工资支付条例》《建设工程安全生产管理条例》《实施工程建设强制性标准监督规定》《工程建设领域农民工工资保证金规定》《安全生产许可证条例》《建筑施工企业安全生产许可证管理规定》《生产安全事故报告和调查处理条例》《建筑工程设计招标投标管理办法》《房屋建筑和市政基础设施工程施工招标投标管理办法》《建筑工程施工发包与承包计价管理办法》《房屋建筑和市政基础设施工程施工分包管理办法》《建筑工程施工发包与承包违法行为认定查处管理办法》《建筑工程施工许可管理办法》《建设工程勘察设计管理条例》《建设工程勘察质量管理办法》《建设工程质量管理条例》《建设工程监理范围和规模标准规定》《房屋建筑工程质量保修办法》《房屋建筑和市政基础设施工程质量监督管理规定》《建设工程质量保证金管理办法》《建设领域违法违规行为稽查工作管理办法》《房屋建筑和市政基础设施工程竣工验收规定》《建设工程消防设计审查验收管理暂行规定》《商品房销售管理办法》《城市商品房预售管理办法》《住房公积金管理条例》《中华人民共和国城镇国有土地使用权出让和转让暂行条例》《城市设计管理办法》《建设用地容积率管理办法》《国有土地上房屋征收与补偿条例》《国有土地上房屋征收评估办法》《招标拍卖挂牌出让国有建设用地使用权规定》《不动产登记暂行条例》《物业管理条例》《住宅专项维修资金管理办法》《物业服务收费管理办法》《房地产开发企业资质管理规定》《工程造价咨询企业管理办法》《建设工程勘察设计资质管理规定》《工程监理企业资质管理规定》《建设工程抗震管理条例》《房屋建筑工程抗震设防管理规定》《市政公用设施抗灾设防管理规定》《高层民用建筑消防安全管理规定》《建设项目环境保护管理条例》《规划环境影响评价条例》《民用建筑节能条例》《民用建筑工程节能质量监督管理办法》。此外，最高人民法院就建设工程合同的审理出台了多个专门的司法解释，其构成审理建设工程合同纠纷的重要法律渊源。

本书研究的建设工程法律规范，除非特别说明，其范围仅限于我国，下文引用相关法律规范形式渊源的名称时进行了简化，未用"中华人民共和国某法"的全称。

思考题

1. 简述我国建设工程法律的体系构成。
2. 简述我国建设工程专门法的形式渊源。

第三节 建设工程法的基本原则

建筑工程法的基本原则，是建筑工程法律制度的核心和灵魂，贯穿建筑工程法律制度的始终，其在功能上不仅能弥补建筑工程立法的不足，同时还能指导建筑工程执法和建筑工程司法活动。作为建设工程法特有的基本原则，要为建设活动提供最基本的支持并体现设立建设工程法的目的和功能。我国建设工程法的基本原则主要有保障建设工程质量和安全原则、建设信息公开原则、政府合理干预建筑市场原则。

1. 保障建设工程质量和安全的原则

建设工程法调整建设活动的方方面面。勘察设计单位、建设单位、施工单位、监理单位等建设主体的建设活动具有经济性目的，这种经济性目的可能降低建设工程的质量和安全性，建设工程的质量和安全一是表现在建设活动中，二是表现在建设产品上。保障建设工程质量和安全，就是要使整个建设活动过程和建设产品符合国家有关的技术、安全标准和要求，特别是要符合有关保障人体健康、人身、财产安全的强制性标准。建设工程的质量和安全关系到公民的生命和财产的安全，其因质量问题倒塌可能会造成人身伤亡的重大安全事故，其主体结构或隐蔽工程发生质量问题，因造价极高必然会导致巨大的经济损失。因此，保障建设工程质量和安全是建设工程法最核心的原则。《建筑法》的总则中规定的"建筑活动应当确保建筑工程质量和安全，符合国家的建筑工程安全标准"，直接体现了保障建设工程质量和安全的基本原则。

2. 建设信息公开原则

建设工程的质量和安全不仅关涉到其业主的利益，与社会公众也存在密切的关联。建设行为的技术性、建设工程的隐蔽性是引起建设市场信息不对称的重要原因，信息不对称广泛发生在建设市场的主体之间、建设市场的政府主管部门与建设市场主体之间、建筑市场主体与普通公众之间。要求建设市场主体及其政府主管部门确保建设市场的信息公开，消除信息不畅通、不对称，提升建设工程各环节的效率和质量，保障社会公众的利益，是建设工程法的重要功能。

3. 政府合理干预建设市场原则

建设工程活动中存在的负外部性可能危及社会公共利益，如损害公民的生命财产安全、浪费资源、污染环境等，这使政府干预建设市场成为必要。但是，为提高建设市场的经济效率，需要以市场为配置建设工程资源的主要手段，政府对建设市场资源配置的干预须限制在必要的限度内，否则，将降低建设工程资源配置的效率。建设工程法既为政府干预建设工程活动的权力提供来源和依据，也为将政府干预权力限制在适度范围内提供依据。前述建设工程法律渊源中调整纵向的行政法律关系的建筑工程法律、行政法规和规章等，划定了政府干预建设市场的权力及其范围。

思考题

1. 我国建设工程法的基本原则包括哪些？
2. 简述我国建设工程法"保障建筑工程质量和安全原则"的主要内容。

第四节　建设工程的法律责任

建设工程的法律责任指自然人、法人因违反建设工程法而应依法承担的法律后果。导致法律责任的原因是建设工程法律关系的主体违反了建设工程法律的规定，不履行法定义务或法定职责。承担建设工程法律责任，一般要符合四个构成要件，即① 有损害事实发生；② 存在违法行为；③ 违法行为与损害事实之间有因果关系；④ 违法者主观上有过错。依照行为违法的不同和违法者承担法律责任的方式的不同，建设工程的法律责任包括民事责任、行政责任、刑事责任三类。

1. 建设工程的民事责任

建设工程的民事责任指建设工程的民事主体违反民事义务依照民法规定应承担的法律责任，包括两种，一是行为人不履行建设工程合同义务而应承担的违约责任，二是行为人侵犯其他民事主体财产权利或人身权时所应承担的侵权责任。

根据《民法典》的规定，建设工程主体侵权民事责任的具体承担方式有：停止侵害、排除妨碍、消除危险、返还财产、恢复原状、赔偿损失、消除影响、恢复名誉和赔礼道歉。

2. 建设工程的行政责任

建筑工程的行政责任指建设工程法律关系的主体违反有关建设工程行政管理的法律法规，但尚未构成犯罪，依法应承担的行政法律后果。它包括公民或法人因违反行政管理法律法规而应承担的行政责任和国家工作人员在执行建设工程管理职务时因违反建设工程行政法律法规应承担的行政责任。

根据建设工程行政法的规定，承担行政责任的方式有两种。一是行政处罚，即由国家行政机关或授权的企事业单位、社会团体，对公民和法人违反建设工程行政法的行为所实施的制裁，主要有警告、罚款、拘留、责令停产停业、没收违法所得、没收非法财物、暂扣或吊销许可证及执照等。二是行政处分，即由国家机关、企事业单位对其工作人员违反行政法规或政纪的行为所实施的制裁，主要有警告、记过、记大过、降职、降薪、撤职、留用察看、开除等。

3. 建设工程的刑事责任

建设工程的刑事责任指建设工程法律关系的主体违反刑法规定，实施犯罪行为而应承担的法律后果。建设工程领域常见的犯罪包括《刑法》第一百三十七条规定的工程重大安全事故罪、第一百三十四条规定的重大责任事故罪、第一百三十五条规定的重大劳动安全事故罪和第二百二十三条规定的串通投标罪。

根据刑法的规定，承担刑事责任的主要方式是刑罚，刑罚分为主刑和附加刑两种，主刑包括管制、拘役、有期徒刑、无期徒刑和死刑；附加刑包括罚金、没收财产、剥夺政治权利和驱逐出境。

思考题

简述违反我国建设工程法应承担的法律责任。

第二章 建设工程用地制度

建设工程用地即建造建筑物、构筑物的土地，指城乡住宅和公共设施用地，工矿用地，能源、交通、水利、通信等基础设施用地，旅游用地，军事用地，等等。作为建筑工程最主要的载体，建设工程所用土地的用途在于土地的承载能力或建筑空间而非通过土地取得生物性产品，即建筑工程所有人通过付出一定投资，采用工程手段，在建设用地上建造建筑物或构筑物。建设工程用地制度即调整建设单位获得建设工程土地使用权的过程中所产生的各种法律关系的制度总和。

《宪法》和《土地管理法》规定，我国的土地实行社会主义公有制，即全民所有制和劳动群众集体所有制。城市的土地属于国家所有，农村和城市郊区的土地，除由法律规定属于国家所有外，属于集体所有；宅基地和自留地、自留山，也属于集体所有。任何组织或者个人不得侵占、买卖或者以其他形式非法转让土地。土地的使用权可以依照法律的规定转让。一切使用土地的组织和个人必须合理地利用土地。

建设单位可通过划拨、出让、转让方式获得国有土地的使用权，但是所用土地的权属若为农村集体所有，则需要先由土地所在地县级以上政府征收变性为国家所有权的土地，再通过划拨、出让、转让方式将土地使用权流转到建设单位。可见，广义的建设工程用地制度不仅包括国有、集体建设用地使用权制度及建设用地规划管理制度，还涉及国有土地上房屋征收与补偿制度、农村土地的征收与补偿安置制度，其法律渊源不仅有土地管理法、民法、城乡规划法、房地产管理法等法律，还包括国有土地流转、征地补偿安置等方面的行政法规、部门规章、司法解释及地方性法规。

第一节 建设用地使用权制度

我国建设工程的用地分为国有建设用地与农村集体建设用地，其使用权制度因此分为国有建设用地使用权制度与集体建设用地使用权制度。对建设用地的使用，要符合城市规划的要求和限制。

一、国有建设用地使用权制度

国有建设用地使用权制度主要包括国有建设用地使用权的划拨、出让、转让、使用与收回制度。

(一) 国有建设用地的划拨制度

按照《城市房地产管理法》第二十三条的规定，所谓国有土地使用权划拨指县级以上人民政府依法批准，在土地使用者缴纳补偿、安置等费用后将该幅土地交付其使用，或者将土地使用权无偿交付给土地使用者使用的行为。划拨是《民法典》第三百四十七条规定的取得国有建设用地使用权的两种主要途径之一（另一种为出让），该两种路径都是建设用地使用权从国有土地所有权中分立出来的初始取得方式。

与出让方式不同的是，通过划拨方式取得的建设用地使用权，是一种附属于行政权力的民事权利[①]。作为计划经济体制的产物，划拨在国有土地用地制度改革之前是唯一的用地方式，存在土地使用低效率、土地资源浪费大等多种弊端。在国有土地用地制度改革并建立土地有偿使用制度后，通过出让方式获得建设用地使用权成为我国最重要的用地方式，但是，划拨方式作为获得建设用地使用权的例外至今仍被保留，旨在确保公用事业用地，强调社会效益，注重维护社会的经济秩序。作为国家土地宏观调控的工具，通过划拨手段调控有利于国家加强土地管理，防范土地市场危机，实现小成本、大产出。

1. 划拨方式取得的土地使用权的特征

与以出让方式取得建设用地使用权相比，以划拨方式取得建设用地使用权具有以下特征：

（1）使用的无期限性。通过出让获得的国有建设用地使用权是有期限的，期限届满后，若非住宅建设用地或未申请续期或者申请续期未获批准，土地使用权收回。通过划拨方式取得的国有建设用地使用权则有所不同，若法律无特别的规定，其没有使用期限的限制。当然，国家作为所有权人，根据需要有权收回这种通过划拨取得的国有建设用地使用权。

（2）权利的受限制性。出让的建设用地使用权人的权利受到的限制相对较少，但通过划拨方式取得土地使用权的，法律对划拨的国有土地使用权有强制性的限制。首先，在权属范围上，国有建设用地的使用者拥有划拨建设用地使用权，但宗地范围内的地下资源、埋藏物和市政公用设施均不属划拨范围；其次，在土地的用途上，划拨的国有土地使用权人在使用时必须符合相应的法律规定，这类用地一般只能用于公益事业、基础事业以及国家的行政管理事业等有限用途，且不得用于商业用途。使用权人必须按照规定的用途和使用条件开发建设和使用土地。需改变土地用途的，必须向市、县国土资源行政主管部门提出申请，报有批准权的人民政府批准。再次，在处分国有建设用地使用权时，划拨国有建设用地使用权未经批准不得擅自转让、出租。需转让、出租的，使用权人应当持资料向市、县国土资源行政主管部门提出申请，报有批准权的人民政府批准。最后，在国有建设用地使用过程中，政府保留对土地的规划调整权。划拨建设用地使用权人对土地范围内的建筑物、构筑物及其附属设施进行改建、翻建、重建的，必须符合政府调整后的规划。政府为

[①] 胡小杰：《我国城市国有土地使用权出让法律制度研究》，内蒙古大学硕士学位论文，第40页。

公共事业需要而敷设的各种管道与管线进出、通过、穿越土地，划拨建设用地使用权人应当提供便利。国土资源行政主管部门有权对国有建设用地的使用情况进行监督检查，土地使用权人应当予以配合。

（3）取得的无偿性。通过出让方式取得国有建设用地使用权要支付土地出让金作为对价，即是有偿的。通过划拨方式取得国有建设用地使用权则不需要支付土地出让金作为对价，即是无偿的。在有些情形下，划拨土地使用者要缴纳土地补偿费、安置补助费等，但其并非对价性质的土地出让金，不影响其无偿的特点。

2. 划拨方式取得土地使用权的条件和程序

《城市房地产管理法》第二十四条、《土地管理法》第五十四条和原国土资源部①发布的《划拨用地目录》明确规定了划拨土地使用权的用地范围，包括国家机关用地和军事用地；国家重点扶持的能源、交通、水利等项目用地；城市基础设施用地和公益事业用地；法律、行政法规规定的其他用地等。上述建设用地的土地使用权确属必需的，经县级以上人民政府依法批准，可以通过划拨方式取得。其中：国家机关用地和军事用地包括党政机关和人民团体用地；国家重点扶持的能源、交通、水利等基础设施用地包括石油、天然气设施，煤炭设施，电力设施，水利设施，铁路、公路、水路交通设施以及民用机场设施用地；城市基础设施用地包括城市供水、供热、供气设施，环境卫生用地设施、公共交通设施以及道路、广场、绿地等的用地；公益事业用地包括非营利性邮政设施、教育设施、体育设施、公共文化设施、医疗卫生设施以及公益性科研机构用地；监狱、劳教所以及戒毒所、看守所、治安拘留所、收容教育所的用地，属于法律、行政法规规定的其他用地。

取得划拨建设用地使用权的程序具体包括：

第一，立项。先列入国家固定资产投资计划或准许建设的国家建设项目，经过批准，建设单位（用地者）方可申请建设用地。

第二，用地者提出申请。用地者是指建设单位，对于经过立项的建设用地，用地者需要向主管部门提交相应的文件，提出用地申请，主管机关是县级以上人民政府土地资源管理部门。一般而言，这些文件主要指由国务院行政主管部门或县级以上地方人民政府按照国家基本建设程序批准的设计任务书。

第三，主管部门审批。用地申请应向县级以上人民政府提出，然后其根据法定的批地权限，对建设单位（用地者）提出的用地申请进行审查，对法律手续齐备的，即以行政命令的方式确定具体使用的建设用地，由国土资源管理部门把用地划拨给建设单位。

第四，权属登记。建设单位（用地者）接到批准用地文件之后，可持该文件申请建设用地使用权登记。一经登记完毕，用地人即取得建设用地使用权。

（二）国有土地使用权的出让制度

出让是取得城市国有土地使用权的主要方式。根据我国现行法律，除公益法人之外，其他各种主体在政府部门获得国有建设用地使用权都应该通过出让方式。

---

① 2018年3月根据第十三届全国人民代表大会第一次会议批准的《国务院机构改革方案》，组建自然资源部。原国土资源部职责整合并入自然资源部。

《民法典》第三百四十八条，出让国有土地使用权的政府机关必须通过招标、拍卖、协议等方式将国有土地使用权出让给受让人，并与受让人签订建设用地使用权出让合同；然后，依据出让合同的约定，受让方办理建设用地使用权登记手续，从而取得建设用地使用权，建设用地使用权自登记时设立，登记机构应当向建设用地使用权人发放建设用地使用权证书。

国有土地使用权出让过程中出让方（政府部门）与受让方（非公益性的一般民事主体）的权利义务是通过出让合同来约束的，当事人依程序订立出让合同，意思表示一致形成合同条款，固定双方当事人的权利与义务。根据《民法典》第三百四十八条第二款规定，建设用地使用权出让合同一般包括下列条款：当事人的名称和住所；土地界址、面积等；建筑物、构筑物及其附属设施占用的空间；土地用途、规划条件；建设用地使用权期限；出让金等费用及其支付方式；解决争议的方法。

（三）国有土地使用权的转让制度

国有土地使用权的转让是指土地使用权人将其土地使用权再转移的行为，即土地使用权人将其土地使用权单独或者随同地上建筑物、其他附着物通过出售、交换、赠与等方式转移给他人的行为。原拥有土地使用权的一方称为转让人，接受土地使用权的一方称为受让人。

依据现行法律规定，原土地使用权人未按土地使用权出让合同规定的期限和条件投资开发、利用土地的，土地使用权不得转让；土地使用权人通过转让方式取得的土地使用权，其使用年限为土地使用权出让合同规定的使用年限减去原土地使用者已使用年限后的剩余年限。土地使用权转让时，其地上建筑物、其他附着物所有权随之转让。地上建筑物、其他附着物的所有人或者共有人，享有该建筑物、附着物使用范围内的土地使用权。土地使用者转让地上建筑物、其他附着物所有权时，其使用范围内的土地使用权随之转让，但地上建筑物、其他附着物作为动产转让的除外。土地使用权转让价格明显低于市场价格的，市、县人民政府有优先购买权。土地使用权转让的市场价格不合理上涨时，市、县人民政府可以采取必要的措施。

（四）国有土地使用权的使用制度

建设单位使用国有土地的，应当按照土地使用权出让等有偿使用合同的约定或者土地使用权划拨批准文件的规定使用土地；确需改变该幅土地建设用途的，应当经有关人民政府土地行政主管部门同意，报原批准用地的人民政府批准。其中，在城市规划区内改变土地用途的，在报批前，应当先经有关城市规划行政主管部门同意。

建设项目施工和地质勘察需要临时使用国有土地或者农民集体所有的土地的，由县级以上人民政府土地行政主管部门批准。其中，在城市规划区内的临时用地，在报批前，应当先经有关城市规划行政主管部门同意。土地使用者应当根据土地权属，与有关土地行政主管部门或者农村集体经济组织、村民委员会签订临时使用土地合同，并按照合同的约定支付临时使用土地补偿费。

临时使用土地的使用者应当按照临时使用土地合同约定的用途使用土地，并不得修建永久性建筑物。临时使用土地期限一般不超过两年。

（五）国有土地使用权的收回制度

为有效利用土地，法律规定了收回国有土地使用权的法定情形、审批权限和程序。《城镇国有土地使用权出让和转让暂行条例》第四十七条对于通过划拨方式取得的国有建设用地使用权的收回作出了规定。按该规定，当无偿收回划拨土地使用权时，对其地上建筑物、其他附着物，政府应当根据实际情况给予适当补偿。具体来说，区分了两种情形，一是无偿取得划拨土地使用权的土地使用者，因迁移、解散、撤销、破产或者其他原因已停止使用该建设土地的，政府有权无偿收回，并可将该建设用地的土地使用权以出让方式流转。二是政府根据城市建设发展需要和城市规划的要求可以无偿收回划拨土地使用权。

1. 收回国有土地使用权的法定情形

综合《土地管理法》《城市房地产管理法》《城镇国有土地使用权出让和转让暂行条例》等法律法规，收回国有土地的法定情形有5种。

（1）符合《土地管理法》第五十八条、《城市房地产管理法》第二十条、《城镇国有土地使用权出让和转让暂行条例》第四十二条规定，为公共利益需要或者实施城市规划进行旧城改建需要使用土地的；

（2）符合《城镇国有土地使用权出让和转让暂行条例》第四十七条规定，无偿取得划拨土地使用权的土地使用者，因迁移、解散、撤销、破产或者其他原因而停止使用土地；

（3）土地使用者违反《土地管理法》第三十八条第一款、《城市房地产管理法》第二十六条闲置土地的；

（4）土地使用者违反《城镇国有土地使用权出让和转让暂行条例》第十七条第二款未按照合同规定的期限和条件开发、利用土地的；

（5）符合《城市房地产管理法》第二十二条第二款、《城镇国有土地使用权出让和转让暂行条例》第四十条规定，土地使用权使用期限届满的。

2. 收回国有土地的审批权限

对因公共利益需要或者实施城市规划进行旧城改建需要收回土地使用权的，应当由新的建设项目单位向原批准用地的市或县级人民政府土地行政主管部门提出调整用地申请，由市或者县级人民政府决定。

对无偿取得划拨土地使用权的土地使用者，因迁移、解散、撤销、破产或者其他原因而停止使用土地，由拟迁移、解散、撤销、破产的企业或者其上级主管部门向原批准划拨土地的县级以上人民政府土地主管部门提出申请，由市或者县级人民政府决定。

对土地使用权使用期限届满的，或者未按照出让合同规定的期限和条件开发、利用土地的，以及闲置土地的，由市或者县级人民政府土地管理部门提出处理意见，报市或者县级人民政府决定。

3. 收回国有土地使用权的程序

土地行政主管部门应根据市或县级人民政府的批准调整用地的文件，拟迁移、解散、撤销、破产的企业（或其上级主管部门）的申请或者土地管理部门决定收回的处理意见，拟订收回国有土地使用权方案，并将拟收回国有土地使用权事宜通知原土地使用权人，并告知听证的权利。土地使用权人要求听证的，应当在接到收回国有土地使用权通知后的一定期限内向市或者县级人民政府土地行政主管部门提出。土地行政主管部门在组织听证后规定的一定期限内，将所拟订的收回国有土地使用权方案连同听证结果报市或者县级人民政府审批。

根据市或县级人民政府批准的收回国有土地使用权方案，土地行政主管部门应当在批准之日起一定期限内，向原土地使用权人下达《收回国有土地使用权决定书》，同时告知原土地使用权人申请复议和提起诉讼的权利。

土地行政主管部门在下达《收回国有土地使用权决定书》后，由原登记发证机关办理。因使用期届满，无偿取得划拨土地使用权的土地使用者，因迁移、解散、撤销、破产或者其他原因而停止使用土地，需要收回土地使用权，或者因土地使用权人违法等自身原因收回土地使用权的，对原土地使用权人不予补偿。

案例

宣某等诉某省A市国土资源局收回国有土地使用权案

基本案情

原告宣某等18人系某省A市某中学教工宿舍楼的住户。2002年12月9日，A市发展计划委员会根据第三人建设银行A市分行（以下简称A市分行）的报告，经审查同意A市分行在原有的营业综合大楼东南侧扩建营业用房建设项目。同日，A市规划局制定建设项目选址意见，A市分行为扩大营业用房等，拟自行收购、拆除占地面积为205平方米的府山中学教工宿舍楼，改建为露天停车场，具体按规划详图实施。18日，A市规划局又规划出A市分行扩建营业用房建设用地规划红线图。20日，A市规划局发出建设用地规划许可证，A市分行建设项目用地面积756平方米。25日，被告A市国土资源局（以下简称A市国土局）请示收回府山中学教工宿舍楼住户的国有土地使用权187.6平方米，报A市人民政府审批同意。同月31日，A市国土局作出A市国土（2002）37号《收回国有土地使用权通知》（以下简称《通知》），并告知宣某等18人其正在使用的国有土地使用权将收回及诉权等内容。该《通知》说明了行政决定所依据的法律名称，但没有对所依据的具体法律条款予以说明。原告不服，提起行政诉讼。

裁判要旨

法院认为：被告A市国土局作出《通知》时，虽然说明了该通知所依据的法律名称，但并未引用具体法律条款。在庭审过程中，被告辩称系依据《中华人民共和国土地管理法》（以下简称《土地管理法》）第五十八条第一款作出被诉具体行政行为。《土地管理法》第五十八条第一款规定："有下列情况之一的，由有关人民政府土地行政主管部门报经原批准用地的人民政府或者有批准权的人民政府批准，可以收回国有土地使用权：（一）为公共利益需要使用土地的；（二）为实施城市规划进行旧城区改建，需要调整使用土地的；……。"A 市国土局作为土地行政主管部门，有权依照《土地管理法》对辖区内国有土地的使用权进行管理和调整，但其行使职权时必须具有明确的法律依据。被告在作出《通知》时，仅说明是依据《土地管理法》及该省的有关规定作出的，但并未引用具体的法律条款，故其作出的具体行政行为没有明确的法律依据，属于适用法律错误。

> **案件评析**

本案中，A 市国土局提供的 A 市发展计划委员会（2002）35 号《关于同意扩建营业用房项目建设计划的批复》《建设项目选址意见书审批表》《建设银行 A 市分行扩建营业用房建设用地规划红线图》等有关证据，难以证明其作出的《通知》符合《土地管理法》第五十八条第一款规定的"为公共利益需要使用土地"或"为实施城市规划进行旧城区改建需要调整使用土地"的情形，主要证据不足，故被告主张其作出的《通知》符合《土地管理法》规定的理由不能成立。根据《中华人民共和国行政诉讼法》及其相关司法解释的规定，在行政诉讼中，被告对其作出的具体行政行为承担举证责任，被告不能提供作出具体行政行为时的证据和依据的，应当认定该具体行政行为没有证据和依据。[①]

二、集体建设用地使用权的取得制度

集体建设用地即农村建设用地。依据《民法典》第三百六十一条规定，集体所有的土地作为建设用地的，应当依照土地管理的法律规定办理。

我国土地管理法规定，农民集体所有土地的使用权不得出让、转让或者出租用于非农业建设。除耕地外，农民集体所有的土地只能用于乡镇村企业、乡镇村公共设施和公益事业以及农民住宅建设。因此，目前农民集体还不能直接出让自己土地使用权，使集体所有的土地使用权直接进入土地一级市场。农民集体所有的土地必须经过征收才能变为建设用地。随着我国土地制度改革不断深化，国务院先后出台了一系列涉及农村集体建设用地的规定，进一步研究探索农村集体建设用地使用权进入市场。具体而言，农村建设用地使用权的取得可分为两种情况。

第一，建设涉及占用农用地的，须办理农用地转用审批的有关手续。在土地利用总体规划确定的村庄、集镇用地规范范围内，《土地管理法》第四十四条要求严格审批，规定应按土地利用年度计划分批次由原批准土地利用总体规划的机关批准；在已批准的农用地转用范围内，具体建设项目用地可以由市、县人民政府批准。

第二，建设不涉及占用农用地的，审批程序相对简化。例如，进行乡村公共设施、公益事业建设时，需要经过以下程序：由乡镇人民政府审核、向县级以上地方人民政府土地管理部门提出申请，按照省、自治区、直辖市规定的批准权限，由县级以上地方人民政府批准。如果单独举办企业或以土地使用权入股、联营等形式共同举办企业，应当首先取得相应的批准文件，然后向县级以上地方人民政府土地主管部门提出申请，最后，按照省、

[①] 最高人民法院案例指导工作办公室：《宣懿成等诉浙江省衢州市国土资源局收回国有土地使用权案——指导案例 41 号的理解与参照：行政机关作出具体行政行为未引用具体法律条款，且在诉讼中不能证明符合法律的具体规定，视为没有法律依据》，《人民司法·案例》2016 年第 20 期。

自治区、直辖市规定的批准权限，由县级以上地方人民政府批准。

三、建设用地规划管理制度

城市规划区内的土地利用和各项建设必须符合城市规划①的管理。我国城乡规划法律制度以《城乡规划法》为核心，由配套规章、技术标准和技术规范构成。具体包括建设部颁布的一系列部门规章、技术标准与技术规范；省、市级地方人大、政府及其部门颁布的地方性法规，部门规章、技术标准与技术规范。依据《城乡规划法》，城市规划区内的土地利用和各项建设必须符合城市规划的管理。城市规划的实施行为包括各项建设活动和改变地形地貌等活动，对其的管理主要采用"一书两证"的规划许可制度，即通过建设用地使用人申请并由县级以上地方规划局审批建设项目选址意见书、建设用地规划许可证、建设工程规划许可证的制度，管理建设用地行为。

（一）选址意见书的申请与核发

按照国家规定需要有关部门批准或者核准的建设项目，以划拨方式提供国有土地使用权的，建设单位在报送有关部门批准或者核准前，应当向城乡规划主管部门申请核发选址意见书。

（二）建设用地规划许可证的申请与核发

在城市、镇规划区内以划拨方式提供国有土地使用权的建设项目，建设单位经有关部门批准、核准、备案后，应当向城市、县人民政府城乡规划主管部门提出建设用地规划许可申请，由城市、县人民政府城乡规划主管部门依据控制性详细规划核定建设用地的位置、面积、允许建设的范围，核发建设用地规划许可证。

建设单位或者个人在城市、镇规划区内进行建筑物、构筑物、道路、管线和其他工程建设的，应当向城市、县人民政府城乡规划主管部门或者省、自治区、直辖市人民政府确定的镇人民政府申请办理建设工程规划许可证。

（三）建设工程规划许可证变更的申请及备案

建设单位应当按照规划条件进行建设；确需变更的，必须向城市、县人民政府城乡规划主管部门提出申请。变更内容不符合控制性详细规划的，城乡规划主管部门不得批准。城市、县人民政府城乡规划主管部门应当及时将依法变更后的规划条件通报同级土地主管部门并公示。建设单位应当及时将依法变更后的规划条件报有关人民政府土地主管部门备案。

---

① 城市规划即对一定时期内城市的经济和社会发展、土地利用、空间布局以及各项建设的综合部署、具体安排和实施管理。参见国家质量监督总局、中华人民共和国建设部：《中华人民共和国国家标准 GB/T 50280—98：城市规划基本术语标准》，1998 年，第 7 页。

（四）临时建设的审批

在城市、镇规划区内进行临时建设的，应当经城市、县人民政府城乡规划主管部门批准。临时建设影响建设规划或者控制性详细规划的实施以及交通、市容、安全等的，不得批准。临时建设应当在批准的使用期限内自行拆除。

（五）建设工程不符合规划条件的法律后果

县级以上地方人民政府城乡规划主管部门按照国务院规定对建设工程是否符合规划条件予以核实。未经核实或者经核实不符合规划条件的，建设单位不得组织竣工验收。建设单位应当在竣工验收后六个月内向城乡规划主管部门报送有关竣工验收资料。

（六）法律责任

建筑工程用地事项的有关人员违反《城乡规划法》相关规定的，依据《城乡规划法》的规定，应当负法律责任，具体的法律责任分为行政责任和刑事责任两种。

1. 镇人民政府或者县级以上人民政府城乡规划主管部门的行政责任

镇人民政府或者县级以上人民政府城乡规划主管部门有下列行为之一的，由本级人民政府、上级人民政府城乡规划主管部门或者监察机关依据职权责令改正：超越职权或者对不符合法定条件的申请人核发选址意见书、建设用地规划许可证、建设工程规划许可证、乡村建设规划许可证的；对符合法定条件的申请人未在法定期限内核发选址意见书、建设用地规划许可证、建设工程规划许可证、乡村建设规划许可证的；未依法对经审定的修建性详细规划、建设工程设计方案的总平面图予以公布的；同意修改修建性详细规划、建设工程设计方案的总平面图前未采取听证会等形式听取利害关系人的意见的；发现未依法取得规划许可或者违反规划许可的规定在规划区内进行建设的行为，而不予查处或者接到举报后不依法处理的。

2. 县级以上人民政府有关部门的行政责任

县级以上人民政府有关部门有下列行为之一的，由本级人民政府或者上级人民政府有关部门责令改正、通报批评；对直接负责的主管人员和其他直接责任人员依法给予处分。对未依法取得选址意见书的建设项目核发建设项目批准文件的；未依法在国有土地使用权出让合同中确定规划条件或者改变国有土地使用权出让合同中依法确定的规划条件的；对未依法取得建设用地规划许可证的建设单位划拨国有土地使用权的。

3. 建设单位的行政责任

未取得建设工程规划许可证或者未按照建设工程规划许可证的规定进行建设的，由县级以上地方人民政府城乡规划主管部门责令停止建设；尚可采取改正措施消除对规划实施的影响的，限期改正，处建设工程造价百分之五以上百分之十以下的罚款；无法采取改正措施消除影响的，限期拆除，不能拆除的，没收实物或者违法收入，可以并处建设工程造价百分之十以下的罚款。

在乡、村庄规划区内未依法取得乡村建设规划许可证或者未按照乡村建设规划许可证的规定进行建设的，由乡、镇人民政府责令停止建设、限期改正；逾期不改正的，可以拆除。

建设单位或者个人有下列行为之一的，由所在地城市、县人民政府城乡规划主管部门责令限期拆除，可以并处临时建设工程造价一倍以下的罚款：未经批准进行临时建设的；未按照批准内容进行临时建设的；临时建筑物、构筑物超过批准期限不拆除的。

建设单位未在建设工程竣工验收后六个月内向城乡规划主管部门报送有关竣工验收资料的，由所在地城市、县人民政府城乡规划主管部门责令限期补报；逾期不补报的，处一万元以上五万元以下的罚款。

城乡规划主管部门作出责令停止建设或者限期拆除的决定后，当事人不停止建设或者逾期不拆除的，建设工程所在地县级以上地方人民政府可以责成有关部门采取查封施工现场、强制拆除等措施。

前述主体违反《城乡规划法》规定，构成犯罪的，依法追究刑事责任。

案例

"船舶"等特殊建筑工程是否应当受《城市规划法》[①]约束？

📁 基本案情

A娱乐有限公司系经H省计委、省经贸委批准并由工商局注册的企业。该公司于1995年开始兴建龙豪号餐船，1996年年底餐船竣工经营，经营地点在W市某风景区某风光村水域。W市城市规划管理局于1996年10月31日下达《违法建设停工通知书》，通知要求"龙豪号立即停工，听候处理"。但A娱乐有限公司收到该通知后仍继续施工，并于年底竣工经营。1997年6月，W市人民政府发出《关于清除某风景名胜区水域经营性餐饮设施的通告》，同年6月19日，W市城市规划管理局针对郭祥龙（龙豪号餐船船主、A娱乐有限公司董事长）作出《违法建筑限期拆除通知书》。该拆除通知认定龙豪号餐船未经城市规划部门批准，未领取建设工程规划许可证，其行为违反了《W市城市规划管理办法》第三十条的规定，属于违法建筑。根据《W市城市规划管理办法》第五十四条以及《W市人民政府关于清除某风景名胜区水域经营性餐饮设施的通告》的有关规定，限A娱乐有限公司于1997年7月7日自行拆除水上餐船，拒不执行的，由该区人民政府组织有关部门协助城市规划行政主管部门依法拆除，拆除费用由违法建设者承担。A娱乐有限公司对该拆除通知不服，于1997年7月4日向W市中级人民法院提起行政诉讼，该院立案后报请H省高级人民法院受理。H省高级人民法院经审查决定立案审理。

📁 裁判要旨

H省高级人民法院认为：原告的餐船属于船形建筑设施，在城市规划区内建设应当依

[①] 《中华人民共和国城市规划法》于1990年开始施行，2008年被《中华人民共和国城乡规划法》取代。

法取得建设工程规划许可证。被告是W市城市规划行政主管部门，其实施的规划管理行为与其他国家机关的批准行为，分别属于不同的职权行为，被告没有超越职权。拆除通知以原告董事长郭祥龙为对象予以告知，不属于错列被处罚主体。被告未告知申请复议、起诉权利，但亦未使原告的实际行使权利受到影响，且"限期自行拆除违法建筑"的具体行政行为非法律规定必须经听证程序的范围。因此，不能认定被告违反法定程序。被告拆除通知的事实清楚，适用法律正确，符合法定程序。原告的起诉理由不能成立。根据《中华人民共和国城市规划法》第四十条和《中华人民共和国行政诉讼法》第五十四条第（一）项的规定，判决维持被告对原告作出的拆除通知，案件受理费15 000元由原告负担。

最高人民法院认为：A娱乐有限公司建造的龙豪号餐船，位于W市规划区内的某风景区某风光村水域。该餐船虽然称为船舶，但不作为船舶使用，而是作为餐饮娱乐服务营业场所而固定于城市规划区水域的船形建筑物。该建筑物未经城市规划部门批准，未取得建设工程规划许可证。W市城市规划管理局认定该建筑属违法建筑，事实清楚，证据充分。其对城市规划区内的建筑物实行规划管理符合《中华人民共和国城市规划法》以及有关法律、法规和规章的规定。A娱乐有限公司提出"餐船属船舶，而不是船型建筑设施"的理由不能成立。W市城市规划管理局作出的拆除通知以郭祥龙（A娱乐有限公司董事长）为对象予以告知，不属错列处罚对象。拆除通知所针对的客体是龙豪号餐船，内容是拆除餐船，且A娱乐有限公司亦实际履行了被诉具体行政行为确定的义务。因此，对A娱乐有限公司提出的处罚对象错误的主张不予支持。按照《中华人民共和国行政处罚法》的规定，"限期拆除违法建筑"的行政处罚不属于必经听证程序的范围。W市城市规划管理局未告知A娱乐有限公司申请听证的权利，不违反《中华人民共和国行政处罚法》的有关规定。W市城市规划管理局作出行政处罚时未告知A娱乐有限公司复议申请权和提起诉讼的权利，但事实上未影响A娱乐有限公司权利的行使。故一审判决认定W市城市规划管理局作出的《违法建筑限期拆除通知书》，事实清楚，适用法律正确，程序合法，予以维持是正确的。对A娱乐有限公司提出的行政赔偿的诉讼请求依法不予支持。本案未涉及争议金额，一审法院按财产案件收取受理费无法律依据。最高院根据《中华人民共和国行政诉讼法》第六十一条第（一）项的规定，判决：驳回上诉，维持原判；驳回A娱乐有限公司行政赔偿的诉讼请求；本案一、二审案件受理费各100元由A娱乐有限公司负担。

案件评析

本案争议焦点之一在于：A娱乐有限公司建造的龙豪号餐船是否属于应当取得建设工程规划许可证件的建筑物。《城市规划法》第四十条规定："在城市规划区内，未取得建设工程规划许可证件或者违反建设工程规划许可证件的规定进行建设，严重影响城市规划的，由县级以上人民政府城市规划行政主管部门责令停止建设，限期拆除或者没收违法建设物、构筑物或者其他设施；影响城市规划，尚可采取改正措施的，由县级以上地方人民政府城市规划行政主管部门责令限期改正，并处罚款。"尽管《城市规划法》条文中并未列举所调整的建筑物的内容，但本案中的餐船实际上是在固定区域作建筑物使用，且该建筑物所处的水域属于城市规划的地域范围内，其工程建设应当遵照本法规定执行。由于《城市规划法》第四十条明文规定了在城市规划区内必须取得建设工程规划许可，本案中A娱乐有限公司未取得建设工程规划许可即开工建设，属于违法建筑，因此，W市城市规划管理局对该公司作出了行政处罚。

思考题

1. 简述国有土地使用权的收回制度。
2. 对于违反《城乡规划法》的建筑工程所作出的行政处罚决定，如果程序不合法是否影响其效力，该如何救济？

第二节 国有土地上房屋的征收与补偿安置制度

在市、县城、建制镇、工矿区范围内属于国有的土地上建设工程，需拆去所用土地上的已有建筑物及构筑物等房屋。这些房屋属于自然人、法人或非法人组织等民事主体所有。根据《宪法》第十三条的规定，公民合法的私有财产不受侵犯，国家依照法律规定保护公民的私有财产权和继承权。1978年改革开放后到1990年间，针对国内部分城市出现的小规模旧城改造工程和拆迁项目，虽未颁行专门规定房屋拆迁的全国性法律规范，但地方性法律法规体系开始逐步形成。由于实行建筑物所有权独立于土地所有权的"房地分离原则"，因土地使用权随征收活动潜在租值的显化而导致的利益纠纷[①]日益增多。1990年、1991年国务院颁布实施《城镇国有土地使用权出让和转让暂行条例》《城市房屋拆迁管理条例》，针对各地土地征收、房屋拆迁问题作出规定。为保障被征收人合法权益，2004年《宪法》修正案将原征地制度修改为"国家为了公共利益的需要，可以依照法律规定对土地实行征收或者征用并给予补偿"；2004年修正的《土地管理法》明确了土地征收的对象是土地所有权，土地征用的对象是土地使用权，其第五章"建设用地"专门规定了征地及其补偿安置的基本制度；2007年颁行的《物权法》强调完善征地制度的公平性，突出了征地中民事关系的调整；2007年修正的《城市房地产管理法》提出国家征收国有土地上的房屋应依法给予拆迁补偿，且征收个人住宅的还应保障被征收人的居住条件；2011年颁行的《国有土地上房屋征收与补偿条例》，对国有土地上房屋征收流程、补偿安置途径作出了明确规定。除以上全国性的法律渊源外，我国城镇土地的建设用地制度还包括大量地方性法规及规范性文件，本节仅介绍全国性法律渊源的内容。实践中，要解决城镇房屋拆迁补偿安置方面的法律问题，必须研究房屋所在地的地方性法规及规范性文件。

一、国有土地上房屋征收与补偿的界定

国有土地上房屋征收与补偿是指为了公共利益的需要，由市、县级人民政府作出房屋

[①] 焦清扬：《国有土地上房屋征收的立法透析与制度反思》，载《河南财经政法大学学报》2016年第1期。

征收决定，房屋征收部门具体组织实施的，将建设在城市规划区内国有土地上的单位或者个人所有的房屋收归国家所有，并对房屋权利人（即被征收人）给予公平补偿的行为。国有土地上房屋的征收与补偿具有如下特征。

1. 国有土地上房屋征收以符合公共利益目的为前提

保护公民私有财产权是宪法的基本原则，允许征收国有土地上的房屋即允许将属于公民或法人的私有房产收归国有，其唯一的正当理由在于这种征收行为具有公共利益的目的性。公益目的不仅使房屋征收权符合宪法得以成立，也是评判一项具体房屋征收权是否合法行使的唯一标准，是国有土地上房屋征收的正当性和合理性所在。因此，只有为了公共利益，才允许依法对国有土地上集体或个人的房屋所有权实行强制征收。[①]

2. 国有土地上房屋的征收主体须为获得法律授权的政府部门

征收国有土地上的房屋，其实质是国家凭借公权力强制将属于公民或法人的私有房产收归国有，如果不加以严格限制，征收权力极易被滥用而侵害公民或法人的私有财产权。因此，大部分房屋征收法律制度中都严格规定了征收的原因、征收权的行使主体及其权限和征收的程序。在我国国有土地上房屋征收的具体活动中，征收主体与被征收主体之间的法律关系属于行政法律关系。作为征收主体，政府征收房屋的行为是一种具体行政行为，作为被征收主体，该房屋的权利人（公民或法人）则是该具体行政行为的相对人。

3. 须以房屋及其附属物的所有权为征收客体，以收回国有土地使用权为征收目的

国有土地上房屋征收的"房屋"，指位于城市规划区内的国有土地上的房屋，原则上不包括城市规划区内集体所有土地上的房屋；房屋所有权，是指由房屋所有权人独占性地占有、使用、支配其所拥有的房屋，并排除他人对于其财产非法干涉的权利。房屋既可归个人所有，也可归国家、集体所有，房屋所有权人在法律规定的范围内可以对其所占有房屋进行占有、使用、收益和处分，对房屋进行合法的控制和使用。由于国有土地的所有权归国家，在房屋被依法征收时，应同时收回房屋所在土地的使用权。我国实行房地一起走的原则，保持房屋的所有权和房屋所在的土地使用权的权利人一致，二者共同流转并可同时抵押。国有土地上房屋征收的客体是房屋及其附属物的所有权，但其实质是国家以土地所有人的角色收回土地使用权，即征收的目的是要得到土地使用权而非房屋所有权。

正因如此，《国有土地上房屋征收与补偿条例》第十三条第三款规定："房屋被依法征收的，国有土地使用权同时收回"。

4. 房屋征收与补偿过程中须保障被征收主体的权利不被侵害

法治国家之公民各项权利的行使与保障，是公共利益得以最终实现的基础和源泉，不充分保障公民个人权利的实现，社会公共利益最终也不可能得以实现。国有土地上的房屋征收是为了实现公共利益而运用国家公权力牺牲公民个人财产权的过程，关涉公民基本经济权利和政治权利的实现。这就要求设置科学合理的征收程序、补偿标准和程序，在确保

[①] 参见焦清扬：《国有土地上房屋征收的立法透析与制度反思》，载《河南财经政法大学学报》2016年第1期。

公共利益最大化的同时，保障公民的房屋财产所有权、房屋征收各项活动的知情权、参与权、意志表达权以及监督权和救济权，确保房屋征收程序既是实现公共利益的法律过程，又是充分保障被征收主体个人权利不被侵害的程序。[1]

正因如此，《国有土地上房屋征收与补偿条例》第二、三条明确规定，为了公共利益的需要，征收国有土地上单位、个人的房屋，应当对被征收房屋所有权人（以下简称被征收人）给予公平补偿。房屋征收与补偿应当遵循决策民主、程序正当、结果公开的原则。

二、国有土地上房屋的征收

（一）作出征收决定的前提条件

只有为了保障国家安全、促进国民经济和社会发展等公共利益的需要，符合《国有土地上房屋征收与补偿条例》第八条规定的下列情形，确需征收房屋的，才能作出房屋征收决定。

（1）国防和外交的需要；

（2）由政府组织实施的能源、交通、水利等基础设施建设的需要；

（3）由政府组织实施的科技、教育、文化、卫生、体育、环境和资源保护、防灾减灾、文物保护、社会福利、市政公用等公共事业的需要；

（4）由政府组织实施的保障性安居工程建设的需要；

（5）由政府依照城乡规划法有关规定组织实施的对危房集中、基础设施落后等地段进行旧城区改建的需要；

（6）法律、行政法规规定的其他公共利益的需要。

同时，依照《国有土地上房屋征收与补偿条例》第八条规定确需征收房屋的各项建设活动，还应当符合国民经济和社会发展规划、土地利用总体规划、城乡规划和专项规划。保障性安居工程建设、旧城区改建，应当纳入市、县级国民经济和社会发展年度计划。制定前述规划，应当广泛征求社会公众意见，经过科学论证。

（二）作出征收决定的主体

只有《国有土地上房屋征收与补偿条例》规定的主体才能作出征收的决定。

依据该条例，本行政区域房屋征收与补偿工作的责任主体是市、县级人民政府；组织实施的主体是市、县级人民政府确定的房屋征收部门（以下简称房屋征收部门），保障主体是市、县级人民政府的其他有关部门。上级人民政府是下级人民政府房屋征收与补偿工作的监督主体。国务院住房城乡建设主管部门和省、自治区、直辖市人民政府住房城乡建设主管部门应当会同同级财政、国土资源、发展改革等有关部门，加强对房屋征收与补偿实施工作的指导。

---

[1] 参见耿玉娟：《论房屋征收补偿数额的合理性司法审查》，载《政治与法律》2018年第6期。

（三）作出征收决定的程序

根据国有土地上房屋征收与补偿制度的法律法规、地方性法规，政府部门作出征收决定一般须经过以下程序：

1. 编制年度征收计划

市、县级人民政府应按照《国有土地上房屋征收与补偿条例》要求组织发展改革、财政、建设、城乡规划、国土资源、房产管理等部门，研究下一年度保障性安居工程建设、旧城区改建计划。将建设计划纳入当地国民经济和社会发展年度计划。年度计划经市、县级政府审议后，报相应级别人大决定。

2. 项目申请

征收项目应由土地储备机构、重点基础设施业主单位等申请单位向房屋征收部门提出申请。建设单位向房屋征收部门提出房屋征收申请时，应按照《国有土地上房屋征收与补偿条例》要求，提交下列材料：（1）房屋征收申请书；（2）建设项目符合国民经济和社会发展规划的证明文件（发展改革部门出具）；（3）建设项目符合土地利用总体规划的证明文件（国土资源部门出具）；（4）建设项目符合城乡总体规划和专项规划的证明文件及征收范围红线图（城乡规划部门出具）；（5）保障性安居工程建设、旧城区改建项目纳入国民经济和社会发展年度计划的证明文件（市、县级人大或其常委会审议同意）；（6）银行、项目主管部门或财政部门出具的征收补偿概算资金到位证明；（7）征收部门要求提交的其他材料。

3. 房屋征收部门审查材料

房屋征收部门收到项目建设单位提交的征收申请及材料后进行审查，出具是否符合《国有土地上房屋征收与补偿条例》第八条规定的审查意见，报同级人民政府审查批复征收项目。

4. 确定房屋征收范围

市、县人民政府认为符合公共利益的，应当合理确定房屋征收项目和征收范围，并予以公布。征收范围内一般包括：（1）房屋，是指土地上的房屋等建筑物及构筑物；（2）被征收房屋类似房地产，是指与被征收房屋的区位、用途、权利性质、品质、新旧程度、规模、建筑结构等相同或者相似的房地产；（3）直管公房，是指由政府公房管理部门或者政府授权管理单位依法直接管理的国有房屋；（4）自管公房，是指国有企事业单位、社会团体投资建设自行管理的房屋。

因旧城区改建需要征收房屋的，应当尊重房屋所有权人的意愿。房屋所有权专有部分面积占比超过三分之二的房屋所有权人且户数占比超过三分之二的房屋所有权人同意改建的，方可纳入旧城区改建范围。房屋征收范围确定后，不得在房屋征收范围内实施新建、扩建、改建房屋和改变房屋用途等不当增加补偿费用的行为；违反规定实施的，不予补偿。房屋征收部门应当将列明违反规定在房屋征收范围内实施新建、扩建、改建房屋和改变房屋用途等不当增加补偿费用的行为的书面通知有关部门暂停办理相关手续。暂停办理相关手续的书面通知应当载明暂停期限。暂停期限最长不得超过 1 年。

5. 委托房屋征收实施单位

房屋征收部门可以委托房屋征收实施单位承担房屋征收与补偿的具体工作。房屋征收实施单位不得以营利为目的。房屋征收部门对房屋征收实施单位在委托范围内实施的房屋征收与补偿行为负责监督，并对其行为后果承担法律责任。房屋征收部门与受委托的征收实施单位签订委托协议书。受委托的单位应当自行完成受委托的事项，不得将受委托的事项再委托给其他单位和个人。

6. 房屋和土地情况调查登记

房屋征收部门应当对征收范围内房屋的权属、区位、用途、建筑面积等情况组织调查登记，被征收人应当给予配合。被征收人不予配合的，按照不动产登记簿进行登记。对于已经登记的房屋，其性质、用途和建筑面积，一般以房屋权属证书和房屋登记簿的记载为准；房屋权属证书与房屋登记簿的记载不一致的，除有证据证明房屋登记簿确有错误外，以房屋登记簿为准。

被征收人对调查登记结果有异议的，区县（自治县）房屋征收部门应当依法核实处理。房屋征收部门应当对征收范围内未经登记的建筑进行调查，当事人应当给予配合。市、县人民政府应当组织住房和城乡建设、自然资源、城市管理等有关部门依据各自职责对调查结果进行认定。对认定为合法建筑的，应当给予补偿；对认定为违法建筑的，不予补偿；未超过批准期限的临时建筑结合剩余期限给予适当补偿。未经登记建筑的认定和处理结果应当在房屋征收范围内公示，公示期不得少于 7 个工作日。

7. 拟定征收补偿方案

房屋征收部门应当会同财政、审计等部门，根据前述调查结果对征收补偿费用进行测算。房屋征收部门根据测算结果拟定征收补偿方案，报市、县级人民政府。市、县级人民政府应当组织审核论证征收补偿方案并公布，征求公众意见。征求意见期限不得少于 30 日。征收补偿方案应当包括征收范围、签约时间及期限、征收实施单位和评估机构、征收补偿方式、评估机构提供的预评估单价和产权调换房源情况、征收个人住房保障、补助及奖励办法等内容。因旧城区改建需要征收房屋，多数被征收人认为征收补偿方案不符合《国有土地上房屋征收与补偿条例》规定的，市、县级人民政府应当组织由被征收人和公众代表参加的听证会，并根据听证会情况修改方案。征求意见期限届满后，市、县级人民政府应当将征求意见情况和根据公众意见修改的情况及时公布。

8. 评估社会稳定风险

在作出房屋征收决定前，市、县级人民政府或其委托的单位应当根据有关规定进行社会稳定风险评估，社会稳定风险评估结论应当作为是否作出房屋征收决定的重要依据。社会稳定风险评估报告应当对房屋征收的合法性、合理性、可行性、可控性以及可能出现的风险进行评估，并根据评估结论制定相应的风险防范、化解、处置措施和应急预案。市、县级人民政府在作出房屋征收决定前，应当落实征收补偿费用和产权调换房屋。补偿费用应当足额到位、专户存储、专款专用。产权调换房屋应当产权明晰、符合房屋质量安全标准。

9. 作出房屋征收决定并公告

市、县级政府作出房屋征收决定；房屋征收决定涉及被征收人数量较多的，应当经政府常务会议讨论决定，具体数量由市、县级人民政府规定。市、县级人民政府作出房屋征收决定后应当及时公告。公告应当载明征收补偿方案和行政复议、行政诉讼权利等事项，如对房屋征收决定不服的，可以自公告发布之日起 60 日内向上一级人民政府申请行政复议，也可以自公告发布之日起 6 个月内向人民法院提起行政诉讼。市、县级人民政府及房屋征收部门应当做好房屋征收与补偿的宣传、解释工作。房屋被依法征收的，国有土地使用权同时收回。

三、征收国有土地上房屋的补偿

补偿是国有土地上房屋征收工作的核心内容，是确保房屋征收工作进展顺利的关键，不仅关系到城市规划和城市经济、社会的发展，更关系到政府的信用以及居民基本生活的保障问题，体现了对房屋所有权人私权的保护。[①]

（一）补偿的范围及方式

依据《国有土地上房屋征收与补偿条例》，作出房屋征收决定的市、县级人民政府对被征收人给予的补偿包括：① 被征收房屋价值；② 因征收房屋造成的搬迁、临时安置的费用；③ 因征收房屋造成的停产停业损失。此外，还应当制定补助和奖励办法，对被征收人给予补助和奖励。征收个人住宅，被征收人符合住房保障条件的，应当优先给予住房保障。对被征收房屋价值的补偿，不得低于房屋征收决定公告之日被征收房屋类似房地产的市场价格。对因征收房屋造成停产停业损失的补偿，根据房屋被征收前的效益、停产停业期限等因素确定。对依法认定为合法建筑和未超过批准期限的临时建筑的，应当给予补偿；对认定为违法建筑和超过批准期限的临时建筑的，不予补偿。

被征收人可以选择货币补偿，也可以选择房屋产权调换。被征收人选择房屋产权调换的，市、县级人民政府应当提供用于产权调换的房屋，并与被征收人计算、结清被征收房屋价值与用于产权调换房屋价值的差价。因旧城区改建征收个人住宅，被征收人选择在改建地段进行房屋产权调换的，作出房屋征收决定的市、县级人民政府应当提供改建地段或者就近地段的房屋。房屋征收部门应当依法建立房屋征收补偿档案，并将分户补偿情况在房屋征收范围内向被征收人公布。

（二）被征收房屋价值的评估

被征收房屋价值的评估关系到征收工作中对被征收人的补偿数额、产权调换房屋价值等问题，根据《国有土地上房屋征收评估办法》，被征收房屋的价值要由具有相应资质的房地产价格评估机构按照房屋征收评估办法评估确定。

房地产价格评估机构应当独立、客观、公正地开展房屋征收评估工作，任何单位和个

---

① 参见耿宝建：《国有土地上房屋征收与补偿的十个具体问题——从三起公报案例谈起》，载《法律适用》2017 年第 9 期。

人不得干预。房地产价格评估机构由被征收人在规定时间内协商选定；在规定时间内协商不成的，由房屋征收部门通过组织被征收人按照少数服从多数的原则投票决定，或者采取摇号、抽签等随机方式确定。具体办法由省、自治区、直辖市制定。同一征收项目的房屋征收评估工作，原则上由一家房地产价格评估机构承担。房屋征收范围较大的，可以由两家以上房地产价格评估机构共同承担。两家以上房地产价格评估机构承担的，应当协商确定一家房地产价格评估机构为牵头单位；牵头单位应当组织相关房地产价格评估机构就评估对象、评估时点、价值内涵、评估依据、评估假设、评估原则、评估技术路线、评估方法、重要参数选取、评估结果确定方式等进行沟通，统一标准。

被征收房屋价值评估时点为房屋征收决定公告之日。用于产权调换房屋价值评估时点应当与被征收房屋价值评估时点一致。"被征收房屋价值"是指被征收房屋及其占用范围内的土地使用权在正常交易情况下，由熟悉情况的交易双方以公平交易方式在评估时点自愿进行交易的金额，但不考虑被征收房屋租赁、抵押、查封等因素的影响。前述不考虑租赁因素的影响，是指评估被征收房屋无租约限制的价值；不考虑抵押、查封因素的影响，是指评估价值中不扣除被征收房屋已抵押担保的债权数额、拖欠的建设工程价款和其他法定优先受偿款。

房地产价格评估机构应当安排注册房地产估价师对被征收房屋进行实地查勘，调查被征收房屋状况，拍摄反映被征收房屋内外部状况的照片等影像资料，做好实地查勘记录，并妥善保管。被征收人应当协助注册房地产估价师对被征收房屋进行实地查勘，提供或者协助搜集被征收房屋价值评估所必需的情况和资料。房屋征收部门、被征收人和注册房地产估价师应当在实地查勘记录上签字或者盖章确认。被征收人拒绝在实地查勘记录上签字或者盖章的，应当由房屋征收部门、注册房地产估价师和无利害关系的第三人见证，有关情况应当在评估报告中说明。被征收房屋价值评估应当考虑被征收房屋的区位、用途、建筑结构、新旧程度、建筑面积以及占地面积、土地使用权等影响被征收房屋价值的因素。被征收房屋室内装饰装修价值，机器设备、物资等搬迁费用，以及停产停业损失等补偿，由征收当事人协商确定；协商不成的，可以委托房地产价格评估机构通过评估确定。

房地产价格评估机构应当按照房屋征收评估委托书或者委托合同的约定，向房屋征收部门提供分户的初步评估结果。分户的初步评估结果应当包括评估对象的构成及其基本情况和评估价值。房屋征收部门应当将分户的初步评估结果在征收范围内向被征收人公示。公示期间，房地产价格评估机构应当安排注册房地产估价师对分户的初步评估结果进行现场说明解释。存在错误的，房地产价格评估机构应当修正。分户初步评估结果公示期满后，房地产价格评估机构应当向房屋征收部门提供委托评估范围内被征收房屋的整体评估报告和分户评估报告。房屋征收部门应当向被征收人转交分户评估报告。整体评估报告和分户评估报告应当由负责房屋征收评估项目的两名以上注册房地产估价师签字，并加盖房地产价格评估机构公章。不得以印章代替签字。

被征收人或者房屋征收部门对评估结果有异议的，应当自收到评估报告之日起 10 日内，向房地产价格评估机构申请复核评估。申请复核评估的，应当向原房地产价格评估机构提出书面复核评估申请，并指出评估报告存在的问题。原房地产价格评估机构应当自收到书面复核评估申请之日起 10 日内对评估结果进行复核。复核后，改变原评估结果的，应当重新出具评估报告；评估结果没有改变的，应当书面告知复核评估申请人。被征收人或者房屋征收部门对原房地产价格评估机构的复核结果有异议的，应当自收到复核结果之日起 10 日内，向被征收房屋所在地评估专家委员会申请鉴定。评估专家委员会应当自收到鉴定申请之日起 10 日内，对申请鉴定评估报告的评估程序、评估依据、评估假设、评估技术路线、评估方法选用、参数选取、评估结果确定方式等评估技术问题进行审核，出具书面鉴定意见。经评估专家委员会鉴定，评估报告不存在技术问题的，应当维持评估报告；评估报告存在技术问题的，出具评估报告的房地产价格评估机构应当改正错误，重新出具评估报告。

除政府对用于产权调换房屋价格有特别规定外，应当以评估方式确定用于产权调换房屋的市场价值。

（三）补偿协议的签订及履行

房屋征收部门与被征收人协商一致后，应就补偿方式、补偿金额和支付期限、用于产权调换房屋的地点和面积、搬迁费、临时安置费或者周转用房、停产停业损失、搬迁期限、过渡方式和过渡期限等事项，订立补偿协议。补偿协议订立后，一方当事人不履行补偿协议约定的义务的，另一方当事人可以依法提起诉讼。

因旧城区改建需要征收房屋的，在房屋征收决定作出前，房屋征收部门应当与被征收人预先签订附生效条件的补偿协议。在签约期限内，签订附生效条件的补偿协议的户数达到规定比例的，由市、县级政府作出房屋征收决定，补偿协议生效；未达到规定比例的，终止征收程序，补偿协议不生效。

（四）补偿决定的作出与公告

房屋征收部门与被征收人在征收补偿方案确定的签约期限内达不成补偿协议，或者被征收房屋所有权人不明确的，由房屋征收部门报请作出房屋征收决定的市、县级人民政府依照《国有土地上房屋征收与补偿条例》的规定，按照征收补偿方案作出补偿决定，并在房屋征收范围内予以公告。

补偿决定应当公平，包括前述补偿协议的主要事项。

被征收人对补偿决定不服的，可以依法申请行政复议，也可以依法提起行政诉讼。

（五）房屋征收补偿专项档案的建立与公告审计

房屋征收部门应当依法建立房屋征收补偿档案，并将分户补偿情况在房屋征收范围内向被征收人公布。审计机关应当加强对征收补偿费用管理和使用情况的监督，并公布审计结果。

（六）被征收房屋的搬迁与强制执行

实施房屋征收应当先补偿、后搬迁。作出房屋征收决定的市、县级人民政府对被征收人给予补偿后，被征收人应当在补偿协议约定或者补偿决定确定的搬迁期限内完成搬迁。任何单位和个人不得采取暴力、威胁或者违反规定中断供水、供热、供气、供电和道路通行等非法方式迫使被征收人搬迁。禁止建设单位参与搬迁活动。

被征收人在补偿决定送达之日起 60 日内未申请复议，也未在送达之日起 6 个月内提起诉讼，又没有履行补偿决定的，作出房屋征收决定的市、县人民政府自期限届满之日起 3 个月内向房屋所在地基层人民法院申请强制执行。申请强制执行前，人民政府应当催告被征收人履行征收补偿决定，被征收人逾期未履行的，人民政府才可以申请人民法院强制执行。申请强制执行，应当提交强制执行申请书（说明强制执行申请的事实、理由、依据）、征收补偿决定书及其依据和送达材料、催告履行证据材料、被征收人意见说明和强制执行标的说明、社会稳定风险评估报告等材料。人民法院在申请材料齐全后 5 日内立案，并于立案后 30 日内作出准予执行的裁定，裁定作出后 5 日内送达申请执行人和被执行人。法院裁定不予受理或裁定不予执行的，申请人可以向上一级人民法院申请复议，上一级法院应当在收到复议申请之日起 30 日内作出裁定。法院裁定准予执行的，由作出房屋征收补偿决定的市、县级人民政府组织实施。

被征收人在征收补偿决定送达之日起 60 日内向省或市政府申请复议的，由接受复议申请的政府在收到申请之日起 5 日内决定是否受理，于决定受理后 7 日内将受理通知送达被申请人，要求被申请人自收到受理通知之日起 10 日内提交答辩状和证据。受理申请的政府应当自受理之日起 60 日内作出复议决定书，并送达申请人和被申请人。被征收人对决定不服的，可以自决定送达之日起 15 日内提起诉讼。被征收人逾期不提起诉讼，又不履行行政复议决定的，作出房屋征收决定的人民政府可以依法申请人民法院强制执行。

被征收人在行政复议决定送达之日起 15 日内，或者在房屋征收补偿决定送达之日起 6 个月内向所在地中级人民法院提起行政诉讼，复议机关维持补偿决定的作为共同被告，法院应当在 5 日内将诉状送达被告，被告在收到诉状之日起 15 日内提交证据材料和答辩状，法院收到答辩状之日起 5 日内送达原告。法院应自立案之日起 6 个月内作出判决并送达。被征收人可在收到判决之日起 15 日内、裁定 10 日内提起上诉。被征收人上诉的，二审法院应当自立案之日起 3 个月内作出终审判决。被征收人逾期不上诉，或者法院作出了二审判决，法院判决或裁定维持补偿决定或驳回被征收人诉讼请求的，作出房屋征收决定的人民政府可以依法申请人民法院强制执行。

案例

文某诉 S 县人民政府房屋征收补偿决定案[①]

📁 基本案情

S 县城关迎春台区域的房屋大多房龄已有 30 多年，破损严重，基础设施落后。2012 年 12 月 8 日，S 县房屋征收部门发布《关于迎春台棚户区房屋征收评估机构选择公告》，提供 A 房地产估价师事务所有限公司、B 房地产评估咨询有限公司、C 房地产评估事务所作为具有资质的评估机构，由被征收人选择。后因征收人与被征收人未能协商一致，S 县房屋征收部门于 12 月 11 日发布《关于迎春台棚户区房屋征收评估机构抽签公告》，并于 12 月 14 日组织被征收人和群众代表抽签，确定 A 房地产估价师事务所有限公司为该次房屋征收的价格评估机构。2012 年 12 月 24 日，S 县人民政府作出商政[2012]24 号《关于迎春台安置区改造建设房屋征收的决定》。原告文某长期居住的迎春台 132 号房屋在征收范围内。2013 年 5 月 10 日，房地产价格评估机构出具了房屋初评报告。S 县房屋征收部门与原告在征收补偿方案确定的签约期限内未能达成补偿协议，被告于 2013 年 7 月 15 日依据房屋评估报告作出商政补决字[2013]3 号《S 县人民政府房屋征收补偿决定书》。原告不服该征收补偿决定，向人民法院提起诉讼。

📁 裁判结果

X 市中级人民法院认为，本案被诉征收补偿决定的合法性存在以下问题：（1）评估机构选择程序不合法。S 县房屋征收部门于 2012 年 12 月 8 日发布《关于迎春台棚户区房屋征收评估机构选择公告》，但 S 县人民政府直到 2012 年 12 月 24 日才作出《关于迎春台安置区改造建设房屋征收的决定》，即先发布房屋征收评估机构选择公告，后作出房屋征收决定。这不符合《国有土地上房屋征收与补偿条例》第二十条第一款"房地产价格评估机构由被征收人协商选定；协商不成的，通过多数决定、随机选定等方式确定，具体办法由省、自治区、直辖市制定"的规定与《河南省实施〈国有土地上房屋征收与补偿条例〉的规定》第六条的规定，违反法定程序。（2）对原告文某的房屋权属认定错误。被告在《关于文某房屋产权主体不一致的情况说明》中称"文某在评估过程中拒绝配合致使评估人员未能进入房屋勘察"，但在《迎春台安置区房地产权属情况调查认定报告》中称"此面积为县征收办入户丈量面积、房地产权属情况为权属无争议"。被告提供的证据相互矛盾，且没有充分证据证明系因原告的原因导致被告无法履行勘察程序。且该房屋所有权证及国有土地使用权证登记的权利人均为第三人而非文某，被告对该被征收土地上房屋权属问题的认定确有错误。据此，一审法院判决撤销被诉房屋征收补偿决定。宣判后，各方当事人均未提出上诉。

📁 案件评析

本案的典型意义在于其从程序合法性、实体合法性两个角度鲜明地指出了补偿决定存

[①] 参见河南省高级人民法院（2015）豫法行终字第 00163 号行政判决书。

在的硬伤。在程序合法性方面，依据有关规定突出强调了征收决定作出后才能正式确定评估机构的基本程序要求；在实体合法性方面，强调补偿决定认定的被征收人必须适格。本案因存在征收决定作出前已确定了评估机构，且补偿决定核定的被征收人不是合法权属登记人的问题，故判决撤销补偿决定，彰显了程序公正和实体公正价值的双重意义。

案例
W市某南方铁路配件厂诉W市H区人民政府房屋征收补偿决定案[①]

基本案情

2015年5月，W市H区人民政府（以下简称H区政府）作出洪政征决字〔2015〕第1号房屋征收决定，对杨泗港长江大桥建设用地范围内的国有土地上房屋实施征收，征收部门为该区房屋征收管理办公室（以下简称H区征收办）。某南方铁路配件厂（以下简称南方配件厂）的厂房位于征收范围内，规划用途为工业配套。被征收人投票选定评估机构后，H区征收办分别于2015年6月12日及24日对房屋初步评估结果和房屋征收价格评估结果进行了公告，评估公司在此期间制作了南方配件厂的分户评估报告，但H区征收办直至2016年5月31日才向南方配件厂留置送达。H区征收办另外委托资产评估公司对南方配件厂的变压器、车床等设备类资产的市场价值进行评估并出具了资产评估咨询报告，但未向南方配件厂送达。因南方配件厂与H区征收办始终未达成补偿协议，经H区征收办申请，H区政府于2016年8月12日作出洪政征补字〔2016〕2号《房屋征收补偿决定书》（以下简称2号补偿决定）并张贴于南方配件厂厂房处。该补偿决定设定的产权调换主要内容为："……房屋征收部门提供位于H区红霞村红霞雅苑10处房屋作为产权调换房……规划用途为住宅……"。2016年9月28日，南方配件厂的厂房被强制拆除。南方配件厂不服该补偿决定，诉至法院。

裁判结果

B省W市中级人民法院一审认为，根据《国有土地上房屋征收与补偿条例》及《国有土地上房屋征收评估办法》的规定，房屋征收部门应当在分户初步评估结果公示期满后向被征收人转交分户评估报告，被征收人对评估结果有疑问的可以申请复核评估及鉴定。本案中，H区征收办向南方配件厂留置送达分户评估报告的时间距该报告作出近1年，导致南方配件厂失去了申请复核及鉴定的权利并错过签约期，构成程序违法。对于南方配件厂的设备资产补偿问题，虽然H区征收办另委托评估公司出具了资产评估咨询报告，但未向南方配件厂送达，亦构成程序违法。一审遂判决撤销H区政府作出的2号补偿决定。H区政府提起上诉，B省高级人民法院二审对2号补偿决定程序违法的一审裁判意见予以支持。同时认为，该补偿决定虽然在形式上设定了货币补偿和产权调换两种补偿方式供选择，但就实质内容而言，H区政府针对南方配件厂的规划用途为工业配套、实际亦用于生产的厂房，提供10套住宅用于产权调换，这与南方配件厂秉持的通过产权调换获得新厂房、征收

[①] 参见湖北省高级人民法院（2018）鄂行终758号行政判决书，湖北省武汉市中级人民法院（2017）鄂01行初124号行政判决书。

后继续生产经营的意愿及需要严重不符，实质上限制了南方配件厂对补偿方式的选择权，H区政府也未能举证证明南方配件厂的上述意愿违反法律强制性规定或客观上无法实现。据此，2号补偿决定设定的房屋产权调换方式不符合行政行为合理性原则的要求，属于明显不当的情形。二审终审判决驳回上诉，维持原判。

> **案件评析**

处于正常生产经营状态，特别是经济效益尚可的企业在遇到征收时，因坚持经营、安置员工等实际需要，往往抱有在征收后继续生产经营的意愿，这种意愿是企业经营权及财产权的合理延伸。为实现这一意愿，被征收企业多倾向于选择房屋产权调换的补偿方式，希望直接获得用于继续生产的房屋、场地等必要生产资料。在征收补偿工作中，征收补偿实施主体应当适度考虑被征收企业的意愿和被征收房屋的特定用途，在不突破征收补偿的法律规定、不背离社会公共利益的前提下，尽可能制定与之匹配的征收补偿安置方案，正当履行告知、送达等法定程序义务，作出合理的补偿决定，在维护社会公共利益的同时，兼顾保护企业的经营权、财产权等合法权益，维系其市场活力。

四、法律责任

（一）政府部门工作人员的法律责任

市、县级人民政府及房屋征收部门的工作人员在房屋征收与补偿工作中不履行规定的职责，或者滥用职权、玩忽职守、徇私舞弊的，由上级人民政府或者本级人民政府责令改正，通报批评；造成损失的，依法承担赔偿责任；对直接负责的主管人员和其他直接责任人员，依法给予处分；构成犯罪的，依法追究刑事责任。

贪污、挪用、私分、截留、拖欠征收补偿费用的，责令改正，追回有关款项，限期退还违法所得，对有关责任单位通报批评、给予警告；造成损失的，依法承担赔偿责任；对直接负责的主管人员和其他直接责任人员，构成犯罪的，依法追究刑事责任；尚不构成犯罪的，依法给予处分。

（二）采用非法手段强迫被征收人搬迁者的法律责任

采取暴力、威胁或者违反规定中断供水、供热、供气、供电和道路通行等非法方式迫使被征收人搬迁，造成损失的，依法承担赔偿责任；对直接负责的主管人员和其他直接责任人员，构成犯罪的，依法追究刑事责任；尚不构成犯罪的，依法给予处分；构成违反治安管理行为的，依法给予治安管理处罚。

（三）采用非法手段阻碍征收者的法律责任

采取暴力、威胁等方法阻碍依法进行的房屋征收与补偿工作，构成犯罪的，依法追究刑事责任；构成违反治安管理行为的，依法给予治安管理处罚。

(四) 房地产价格评估机构或者房地产估价师的法律责任

房地产价格评估机构或者房地产估价师出具虚假或者有重大差错的评估报告的, 由发证机关责令限期改正, 给予警告, 对房地产价格评估机构并处 5 万元以上 20 万元以下罚款, 对房地产估价师并处 1 万元以上 3 万元以下罚款, 并记入信用档案; 情节严重的, 吊销资质证书、注册证书; 造成损失的, 依法承担赔偿责任; 构成犯罪的, 依法追究刑事责任。

思考题
---

1. 王某的房屋被市级人民政府作出的征收决定予以征收, 王某质疑该市人民政府作出的征收决定是否符合为了公共利益的需要, 对此, 王某寻求法律救济的途径是什么?

2. 根据《国有土地上房屋征收与补偿条例》, 被征收房屋的价值该怎样确定?

3. 为了公共利益的需要, 由市、县级人民政府作出房屋征收决定。"美化市容市貌"是否属于"为了公共利益的需要"? 为什么?

第三章 建设工程合同制度

建设工程合同制度即调整平等民事主体之间因建设工程而产生的横向协作社会关系的制度总称，其形式渊源主要是《民法典》及最高人民法院关于建设工程纠纷的司法解释。

建设工程合同是指建设单位（业主、发包方或投资责任方）与勘察、设计、安装单位（承包方或承包商）依据国家规定的基本建设程序和有关合同法规，以完成建筑工程为内容，明确双方权利与义务关系而签订的书面协议。建设工程合同属承揽合同，因其标的的特殊性，法律将其从承揽合同中分离出来而规定为一种独立的特殊类型的承揽合同。依据《民法典》，对于建设工程合同有特别规定的，优先适用特别规定；无特别规定的则适用承揽合同的有关规定。

建设工程合同具有如下特征：（1）合同标的特殊。其以建筑产品等工程为标的，这些标的通常具有投资数额大、建设周期长的特点，这些特点决定了合同内容的复杂性。（2）合同主体的特定性及履行义务严密的协作性。该类合同的主体只能是具有相关法律规定资格的法人；因工程建设周期长、质量要求高、涉及面广，各阶段工作有较严密的顺序，主体在履行合同义务时要符合建设程序的要求和顺序，相互间履约的协作关系较严密。（3）合同形式的特殊性。为便于建设工程合同的履行及对建筑工程进行监督管理，建设工程合同属于书面要式合同，不采用书面形式的建设工程合同一般不能成立。《民法典》第七百八十九条规定："建设工程合同应当采取书面形式"；《建筑法》第十五条第一款规定："建筑工程的发包单位与承包单位应当依法订立书面合同，明确双方的权利和义务"。按照《民法典》第四百六十九条，书面形式是合同书、信件、电报、电传、传真等可以有形地表现所载内容的形式。（4）合同监督管理的严格性。因其最终工作成果为不动产，具有不可移动性且必须长期存在并发挥效用，国家对建设工程不仅进行建设规划，而且实行严格的监督和管理。从合同的订立到履行，从资金的投放到最终的成果验收，该类合同都要受到国家行政机关依法的严格管理和监督。

以承包及发包工作的内容为标准，建设工程合同可分为建设工程勘察合同、建设工程设计合同与建设工程施工合同三类。《民法典》第七百八十八条规定："建设工程合同是承包人进行工程建设，发包人支付价款的合同。建设工程合同包括工程勘察、设计、施工合同。"因实践中勘察、设计往往结合在一起，一般将前两项合同合称为"建设工程勘察设计合同"。虽然建设工程委托监理合同与建设工程合同密切相关，但因其系委托合同而非承揽合同，《民法典》未将其纳入建设工程合同体系内。此外，还有一些合同也与建筑工程合同相关，如建设物资采购合同、工程劳务合同、工程设备租赁合同等。因它们分别主要体现为买卖合同、劳务合同、租赁合同等合同性质，同样不属于建设工程合同。

建设工程勘察设计合同简称"勘察设计合同"，是指发包人与承包方为了完成特定的勘察、设计任务，明确相互的权利与义务关系而签订的协议。发包人一般为建设单位或者工程总包单位，应当持有上级主管部门批准的设计任务书等合同文件；承包方一般为具有相应的权利能力和行为能力的勘察单位或者设计单位，必须持有颁发的勘察、设计证书，不得越级或超越资质证书规定承揽工程勘察、设计任务。建设工程勘察、设计合同应具备的主要条款包括：（1）建筑工程的名称、规模、投资额、建设地点；（2）发包人提供的资料内容、技术要求及期限；（3）承包方勘察范围、进度与质量、设计阶段的进度、质量和设计文件的份数；（4）勘察、设计取费的依据，取费标准及拨付方法；（5）双方责任；（6）违约责任；（7）其他约定条款。

建设工程施工合同简称"施工合同"，是业主方（发包方）与施工单位（承包方）为在拟建工程项目的施工过程中，明确双方的权利与义务关系而签订的一种书面协议，包括建设工程施工合同和安装工程合同。作为发包方，应依照基本建设程序完成项目报建手续并具备合法的证明文件；作为承包方，在签订施工合同前应具备相应的施工资质条件与营业执照。建设工程施工合同的主要条款包括：（1）工程概况；（2）工程量清单、单位工程量报价及工程总价；（3）开工日期、竣工日期、中间交工工程的开竣工日期；（4）设计文件，概、预算和技术资料提供日期；（5）材料设备的供应方式；（6）工程价款的结算方式；（7）工程竣工验收的方法；（8）双方相互协作的其他事项；（9）违约责任与索赔；（10）纠纷的解决方式；（11）工程的保修。

第一节　建设工程合同的订立制度

一、建设工程的发包与承包制度

所谓建设工程的发包，是指建设单位（或总承包单位）将建筑工程任务（勘察、设计、施工等）的全部或一部分通过招标或其他方式，交付给具有从事建筑活动的法定从业资格的单位完成，并按约定支付报酬的行为。所谓建设工程的承包，是相对于发包而言的，是指具有从事建筑活动的法定从业资格的单位，通过投标或其他方式，承揽建筑工程任务，并按约定取得报酬的行为。

依据《建筑法》，建设工程的发包与承包的招标投标活动应当遵循公开、公正、平等竞争的原则，择优选择承包单位。建筑工程的招标发包主要适用《中华人民共和国招标投标法》及其有关规定，它规定了必须进行招标的工程建设项目范围。在该范围内并且达到国家规定的规模标准的工程建设项目的勘察、设计、施工、监理、重要设备和材料的采购等都必须依法进行招标。发包单位及其工作人员在建筑工程发包中不得收受贿赂、回扣或者索取其他好处。承包单位及其工作人员不得利用向发包单位及其工作人员行贿、提供回扣或者给予其他好处等不正当手段承揽工程。

（一）建设工程的发包与承包主体

1. 建设工程的发包主体

建设工程发包的主体，通常为建筑工程的建设单位，即投资建设该项建筑工程的单位（即"业主"）。另外，建设工程实行总承包的，总承包单位经建设单位同意，在法律规定的范围内对部分工程项目进行分包的，工程的总承包单位即成为分包工程的发包单位。

2. 建设工程的承包主体

建设工程的承包主体，即建设工程的承包单位，即承揽建筑工程的勘察、设计、施工等业务的单位，包括对建筑工程实行总承包的单位和承包分包工程的单位。由于建筑工程一般具有造价高、技术复杂，其质量问题往往涉及公共安全等特点，因此国家对建设工程承包方的从业资格有特别要求。按照《建筑法》的有关规定，从事建筑活动的建筑施工企业、勘察单位、设计单位和工程监理单位，应当具备法律规定的条件，并按其拥有的注册资本、专业技术人员、技术装备和已完成的建筑工程业绩等资质条件分为不同的资质等级，经资质等级审查合格，取得相应的等级证书后，方可在其资质等级许可的范围内从事建筑活动。

大型建筑工程或者结构复杂的建筑工程，可以由两个以上的承包单位联合共同承包。共同承包的各方对承包合同的履行承担连带责任。两个以上不同资质等级的单位实行联合共同承包的，应当按照资质等级低的单位的业务许可范围承揽工程。

（二）建设工程的发包与承包方式

建设工程的发包方式主要有两种：招标发包和直接发包。《建筑法》第十九条规定："建筑工程依法实行招标发包，对不适于招标发包的可以直接发包。"建筑工程实行招标发包的，发包单位应当依照法定程序和方式，发布招标公告，提供载有招标工程的主要技术要求、主要合同条款、评标的标准和方法以及开标、评标、定标的程序等内容的招标文件；实行直接发包的，发包单位应当将建筑工程发包给具有相应资质条件的承包单位。

根据《建筑法》第十五条"建筑工程的发包单位与承包单位应当依法订立书面合同"，即以订立合同的方式完成发包与承包。建设工程承包合同可由建设单位与一个总承包单位订立总承包合同，然后由总承包单位与各分包单位订立分包合同，也可以由建设单位分别与从事建筑活动的勘察、设计、施工、安装单位签订合同。

（三）建设工程发包的禁止性规则

1. 禁止将建筑工程肢解发包

肢解发包是指建设单位将应当由一个承包单位完成的建筑工程分解成若干部分发包给不同的承包单位的行为。之所以禁止肢解发包，是因为其存在以下弊端。第一，不利于工程项目的管理。肢解发包的后果是本来应该由一家承包商完成的项目，现在由两家或者两家以上的承包商完成。这会出现岗位重复设置的情况,不利于各工序的协调,难以形成流水搭接作业。同时,也会影响投资和进度目标以及质量目标的控制。第二,肢解发包可能导致发包人变相规避招标。发包人可能会将大的工程项目肢解成若干个小的项目,使得每一个小的工程项目都不满足关于招标规模和标准的规定,从而变相规避招标。第三,肢解发包增加了发包人管理的成本和发包的成本。肢解发包会导致合同数量增加,进而导致发包管理的难度增加和管理成本增加;肢解发包因必然会使得发包的次数增加,从而必然会导致发包的费用增加。

案例

上虞市[①]C路桥工程公司诉嵊州市T建筑工程公司、台州市J交通工程公司建筑工程承包合同纠纷上诉案[②]

📁 基本案情

1997年12月3日,上虞至三门公路七合同段工程施工经浙江省高速公路指挥部(以下简称指挥部)公开招标,台州市J交通工程公司(以下简称J公司)为中标单位,12月14日,指挥部与J公司签订上虞至三门一级公路第七合同段协议书一份,12月18日,J公司将第七合同段总工程量的50%(北面段)转包给嵊州市T建筑工程公司(以下简称T公司)施工,J公司收取T公司建筑工程总造价3%的管理费。1998年1月8日,T公司将上三线七合同段北段隧道开挖分包给上虞市C路桥工程公司(以下简称C公司,无建筑资质证书),并订立《工程内部承包协议书》一份,约定:七标段北段洞内开挖土石方运输到路基或甲方(T公司)指定点63元/立方米综合价。施工期限:同年3月1日开工至1998年7月30日结束。同年3月17日,T公司将上三线第七合同段北段工程在毛洞开挖的基础上再将部分工程承包给C公司,双方签订合同书一份。施工范围为北段洞内至衬砌前(包括衬砌)的所有工程内容,工程期限为洞内前40米3个月完工,其他工程8个月内完成;T公司中标价下浮30%乘工程量为C公司工程造价。嗣后,C公司依约施工,后因施工进度及拖欠工程款等原因,双方于1998年7月24日签订《退场协议》一份,C公司于同年8月4日正式退场。同年10月12日T公司第四分公司代表陈某、叶某与C公司代表严某签订工程决算单一份。双方确认乙方(C公司)完成工程量1 535 882元(其中未扣除工程税金及工程管理费);乙方向甲方(T公司)总领料折合人民币1 061 621元;乙方退还给甲方全部材料及设备残值、临时设施等折合人民币845 709元;1998年12月10日乙方向甲方现金领款463 897元。后因T公司未履行此决算单,双方发生纠纷。C公司于1999年1月26日向一审法院起诉,请求判令T公司清偿工程款731 861元;赔偿经济损失461 835.50元;J公司对上述款项承担连带清偿责任;本案诉讼费用由T公司、J公司负担。一审期间,一审法院委托绍兴市审计事务所对工程造价进行审计,经审计,该部分工程的决算款为373 656元,包含:(1)临时设施费用:845 709元;(2)领用工程款:-

---

[①] 现为上虞区。
[②] 天下房地产法律服务网,依据判决书整理(本案案号[2000]浙法民终字第20号)。

704 061.80元；（3）退电费：-19 480元；（4）领材料款：-1 043 431.92元；（5）收材料款：77 547.03元；（6）无缝钢管价差：31 319元；（7）经双方确认部分的工程造价：1 078 389元；（8）双方对工程量有异议，经审计确认部分的工程造价：10 766元；（9）合计：373 656元。审计报告还载明：原告C公司另提出879 551元的工程量，由于无签证单等工程结算资料，故无法审计。

📁 裁判要旨

一审法院审理后认为，建筑工程总承包单位J公司未经建设单位指挥部的同意，擅自将部分工程分包给T公司，违反有关法律规定，故J公司、T公司签订的工程施工合同依法应属无效。T公司、J公司辩称其签订的工程施工合同应属有效，理由不成立。后T公司又将部分工程分包给无资质的C公司，故该合同亦应属无效。工程造价业经鉴定，予以认可，T公司应支付尚欠C公司工程款，J公司应负连带清偿责任。C公司虽主张879 551元工程量系其完成，但未能提供工程联系单等充分依据，且委托绍兴市审计事务所鉴定，亦无法审计，故对该诉请不予采信。C公司诉称要求T公司赔偿停工窝工及机械租赁费等经济损失，并要求T公司偿付塌方的理赔款项，因无充分依据，不予支持。T公司、J公司辩称C公司不具备主体资格，缺乏法律依据，不予采纳。一审法院判决T公司支付给C公司工程款373 656元，于本判决生效之日起十日内付清，J公司对上述款负连带清偿责任，驳回C公司的其他诉讼请求。

C公司不服判决，上诉认为，双方讼争的879 551元工程量系C公司完成，有C公司与T公司签订的《工程内部承包协议书》《退场协议书》《工程决算单》等证据证实；对停工窝工损失和抢险赔偿费用，C公司已多次提供了有关证据，原审未予审查，违反程序；3万元抢险费不应计入工程款。T公司不服判决，上诉认为，原审认定该公司与J公司签订的工程施工合同依法无效，与法不符；绍兴市审计事务所对工程量审计结果已超过C公司所完成的实际工程量，原审判决T公司再付工程款3 763 656元，与事实不符；原审未判令C公司承担法定税收和应支付给3%工程管理费及10%的保修金，与法不符。

二审法院审理后认为，J公司系建筑工程总承包单位，未经工程建设单位指挥部同意，擅自将部分工程分包给T公司，T公司又将部分工程分包给C公司（无资质）承建，违反了有关法律规定，C公司与T公司、T公司与J公司所签订的承包合同无效。C公司主张的879 551元工程量为其公司完成，但不能提供有关证据，故该条上诉请求不能支持。T公司主张争议的工程量为其所做，但也未能提供相关证据，该条上诉理由不予支持。因双方对原审审计报告均有异议，且该报告对讼争的879 551元工程量未予审计，故该审计报告所审计的工程量不作定案依据，本案应以双方当事人签订的决算单为准，工程款为856 073元（未扣税金、管理费）。C公司请求T公司赔偿其公司停工、窝工损失及抢险理赔款应全额归其公司，但未能提供相应证据，故该上诉理由不予支持。C公司称其领取的抢险费3万元，不能作为工程款扣除，T公司表示同意，应予准许。T公司上诉称，应从工程款中留出税金709 557.75元，此项请求属法定事由，应予支持。T公司要求从工程款中扣除工程管理费（经计算为46 076.46元），考虑到T公司已向J公司交纳管理费及C公司半途退场的实际情况，应予允许。T公司主张留10%的保修金，因该工程退场时间久，保修金不予保留。C 公司、T 公司的上诉理由，部分成立。二审法院最终判决撤销一审法院第 9 号民事判决；嵊州市 T 公司在本判决送达之日起十日内支付给上虞市 C 工程款七十六万九千零三十八元七角九分（已扣除税金、管理费），台州市 J 公司对上述款项清偿负连带责任。

📁 案件评析

本案中，J 公司（总承包单位）未经工程建设单位指挥部同意擅自将部分工程分包给 T 公司，属于转包，T 公司将部分工程分包给 C 公司（无资质）承建，属于违法分包。由此产生的两个合同应确认为无效合同，其法律依据主要是因违反了《建筑法》第二十八条"禁止承包单位将其承包的全部建筑工程转包给他人，禁止承包单位将其承包的全部建筑工程肢解以后以分包的名义分别转包给他人"；违反了《建筑法》第二十九条第三款"禁止总承包单位将工程分包给不具备相应资质条件的单位。禁止分包单位将其承包的工程再分包"。本案的两个合同属于《最高人民法院关于审理建设工程施工合同纠纷案件适用法律问题的解释（一）》第一条规定的"承包人因转包、违法分包建设工程与他人签订的建设工程施工合同"，"应当依据民法典第一百五十三条第一款及第七百九十一条第二款、第三款的规定，认定无效"。

C 公司与 T 公司、T 公司与 J 公司所签订的承包合同被确认无效后，其工程价款结算方式应怎样确定呢？《民法典》第七百九十三条第一款规定："建设工程施工合同无效，但是建设工程经验收合格的，可以参照合同关于工程价款的约定折价补偿承包人。"可见，即使工程合同无效但建设工程质量合格的，也可参照合同约定折价补偿承包人。建设工程施工合同具有特殊性，合同履行的过程是将劳动和建筑材料物化为建筑产品的过程，合同被确认无效后，已经履行的内容不能适用返还的方式使合同恢复到签约前的状态，而只能按照折价补偿的方式处理。参照合同约定的价款折价补偿承包人，不仅符合双方当事人在订立合同时的真实意思，而且还可以节省鉴定费用，提高诉讼效率。

2. 发包单位不得指定采购

根据《建筑法》的规定，按照合同约定，建筑材料、建筑构配件和设备由工程承包单位采购的，发包单位不得指定承包单位购入用于工程的建筑材料、建筑构配件和设备或者指定生产厂、供应商。建筑材料、建筑构配件和设备的采购权的归属，是建设工程发包的一项非常重要的内容，需要发承包双方通过合同进行约定。在实践中，发包单位通常按包工包料的方式将工程发包给承包单位，对于需要由发包单位自己采购的，应当在合同中明确约定发包人的供货品种、规格、型号、数量、单价、质量等级等。但是，对于承包单位依据合同约定有权采购的建筑材料、建筑构配件和设备，如果发包单位指定承包商采购，将构成违约，承包单位有权拒绝；因发包单位指定的建筑材料、建筑构配件和设备不符合强制性标准造成建筑工程质量缺陷的，发包单位应当承担过错责任。

（四）建设工程承包的禁止性规则

1. 禁止超范围承包

禁止建筑施工企业超越本企业资质等级许可的业务范围或者以任何形式用其他建筑施工企业的名义承揽工程，禁止建筑施工企业以任何形式允许其他单位或者个人使用本企业的资质证书、营业执照，以本企业的名义承揽工程。超越承包方的资质等级承揽工程的，其工程承包合同为无效合同。

2. 禁止转包与非法分包

禁止承包单位将其承包的全部建筑工程转包给他人，禁止承包单位将其承包的全部建筑工程肢解以后以分包的名义分别转包给他人。建筑工程总承包单位可以将承包工程中的部分工程发包给具有相应资质条件的分包单位；但是，除总承包合同约定的分包外，必须经建设单位认可。施工总承包的，建筑工程主体结构的施工必须由总承包单位自行完成。建筑工程总承包按照总承包合同的约定对建设单位负责；分包单位按照分包合同的约定对总承包单位负责。总承包单位和分包单位就分包工程对建设单位承担连带责任。禁止总承包单位将工程分包给不具备相应资质条件的单位。禁止分包单位将其承包的工程再分包。转包与合法分包的主要区别在于合法分包是将一部分工程交由其他单位完成，而转包则是将所有工程全部交由其他单位完成。

（五）建筑工程的造价

建筑工程的造价即发包方向承包方支付的工程价款，由发包单位与承包单位在合同中依法约定，它既包括对计价范围、标准的约定，也包括对计价方式的约定。对工程实行从勘察、设计到施工等全过程总承包的，承包合同约定的承包价款大体相当于该项建筑工程的总造价；对建筑工程实行分项承包的，各承包合同约定的承包价款之和方构成该项建筑工程的总造价。

建筑工程的造价由建筑工程费用、建筑企业合理的利润及依法应计入的税金三个部分构成。建筑工程费用按其性质分为直接工程费用和间接费用两项。前者包括：直接从事建筑安装工程施工的生产工人的工资、各种补贴、职工福利费用和劳动保护费用等人工费；由在施工过程中耗用的构成工程实体的各种原材料、辅助材料、构配件、零件、半成品等的费用构成的材料费；由各种施工机械的折旧费、大修费、燃料动力费等费用构成的施工机械使用费以及施工企业的企业管理费、财务费等其他施工现场经费等。

案例

总承包人将勘察设计和建筑安装分包后，总包人及分包人怎样对发包人承担责任？

基本案情

甲电讯公司因建办公楼与乙建筑承包公司签订了工程总承包合同。其后，经甲同意，乙分别与丙建筑设计院和丁建筑工程公司签订了工程勘察设计合同和工程施工合同。勘察设计合同约定：由丙对甲的办公楼及其附属工程提供设计服务，并按勘察设计合同的约定交付有关设计文件和资料。施工合同约定：由丁根据丙提供的设计图纸进行施工，工程竣工时依据国家有关验收规定及设计图纸进行质量验收。合同签订后，丙按时将设计文件和有关资料交付给丁，丁依据设计图纸进行施工。工程竣工后，甲会同有关质量监督部门对工程进行验收，发现工程存在严重质量问题，是由于设计不符合规范所致。原来丙未对现场进行仔细勘察即自行进行设计，导致设计不合理，给甲带来了重大损失。丙以与甲没有合同关系为由拒绝承担责任，乙又以自己不是设计人为由推卸责任，甲遂以丙为被告向法院起诉。法院受理后，追加乙为共同被告，判决乙与丙对工程建设质量问题承担连带责任。

📂 案件评析

本案中，甲是发包人，乙是总承包人，丙和丁是分包人。《建筑法》第二十九条规定："建筑工程总承包单位可以将承包工程中的部分工程发包给具有相应资质条件的分包单位；但是，除总承包合同中约定的分包外，必须经建设单位认可。施工总承包的，建筑工程主体结构的施工必须由总承包单位自行完成。建筑工程总承包单位按照总承包合同的约定对建设单位负责；分包单位按照分包合同的约定对总承包单位负责。总承包单位和分包单位就分包工程对建设单位承担连带责任。禁止总承包单位将工程分包给不具备相应资质条件的单位。禁止分包单位将其承包的工程再分包。"对工程质量问题，乙作为总承包人应承担责任，而丙和丁也应该依法分别向发包人甲承担责任。总承包人以不是自己勘察设计和建筑安装为理由企图不对发包人承担责任，以及分包人以与发包人没有合同关系为由不向发包人承担责任均是不符合法律规定的。

另外须说明的是，《建筑法》第二十八条规定："禁止承包单位将其承包的全部建筑工程转包给他人，禁止承包单位将其承包的全部工程肢解以后以分包的名义分别转包给他人。"本案例中，乙作为总承包人不自行施工，而将工程全部转包他人，虽经发包人同意，但违反了法律禁止性规定，其与丙和丁签订的两个分包合同均是无效合同。建设行政主管部门应依照《建筑法》和《建设工程质量管理条例》的有关规定，对其进行行政处罚。

二、建设工程的招投标制度

建设工程招标指招标人提出招标项目及其相应的要求和条件，通过发布招标公告或发送投标邀请书吸引潜在投标人参加投标，从中选择最符合自己条件的投标人订立合同的意思表示，其法律性质属于要约邀请。建设工程投标指投标人响应招标文件的要求与条件，以招标文件为基础制作投标文件，并在规定的时间内送交招标人，做出以订立合同为目的的意思表示，其法律性质属于要约。

我国现行规范招标投标活动的法律渊源除《民法典》外，还有《招标投标法》《招标投标法实施条例》《必须招标的工程项目规定》等。

（一）招标投标活动的基本原则

《招标投标法》规定招投标活动应当遵循公开、公平、公正和诚实信用原则。公开原则指招标投标活动应高度透明，招标信息、招标程序、开标过程、中标结果必须公开并使每一个投标人获得同等的信息。公平原则指招标投标活动要求招标人本着平等互利的原则拟定招标文件，拟定的权利义务应当对等，不得以任何理由排斥或者歧视任何投标。公正原则，指招标投标活动要求按事先公布的标准进行评标，给予所有人平等的机会，使其享有同等的权利，公正对待每一个投标人；评标委员会应当按照招标文件确定的评标标准和方法，对投标文件进行评审和比较；评标委员会成员应当客观、公正地履行职务，遵守职业道德。诚实信用原则，是我国民事活动所应当遵循的一项基本原则，要求当事人应以诚实、守信的态度行使权利、履行义务，保证彼此都能得到自己应得的利益，同时不得损害第三人和社会的利益。投标人不得规避招标，对于必须招标的项目应当按照要求进行招标；在招标过程中，投标人不得以他人名义投标，不得与招标人或其他投标人串通投标；禁止投标人以向招标人或者评标委员会成员行贿的手段谋取中标等。

（二）强制招标工程建设项目的范围

强制招标的工程建设项目需具备两个条件，一是属于《招标投标法》第三条规定的工程项目，二是满足《必须招标的工程项目规定》的规模标准。

根据《招标投标法》第三条的规定，在中华人民共和国境内进行下列工程建设项目的勘察、设计、施工、监理以及与工程建设有关的重要设备、材料等的采购时，必须进行招标：

（1）大型基础设施、公共事业等关系社会公共利益、公众安全的项目；

（2）全部或者部分使用国有资金投资或者国家融资的项目；

（3）使用国际组织或者外国政府贷款、援助资金的项目。

《必须招标的工程项目规定》规定的上述各类工程建设项目的勘察、设计、施工、监理以及与工程建设有关的重要设备、材料等的采购，达到下列标准之一的，必须进行招标：

（1）施工单项合同估算价在400万元人民币以上；

（2）重要设备、材料等货物的采购，单项合同估算价在200万元人民币以上的；

（3）勘察、设计、监理等服务的采购，单项合同估算价在100万元人民币以上的；

但是，即使同时满足以上两个条件，属于《工程建设项目施工招标投标办法》第十二条中下列特殊情形的，该工程项目依法经审批部门批准也可以不进行施工招标：

（1）涉及国家安全、国家秘密、抢险救灾或者属于利用扶贫资金实行以工代赈需要使用农民工等特殊情况，不适宜进行招标；

（2）施工主要技术采用不可替代的专利或者专有技术；

（3）已通过招标方式选定的特许经营项目投资人依法能够自行建设；

（4）采购人依法能够自行建设；

（5）在建工程追加的附属小型工程或者主体加层工程，原中标人仍具备承包能力，并且其他人承担将影响施工或者功能配套要求；

（6）国家规定的其他情形。

（三）建筑工程的招标规则

1. 建筑工程招标的条件

工程项目的招标应当在满足法律规定的下列前提条件下方能进行：招标项目按照国家有关规定需要履行项目审批手续的，应当先履行审批手续，取得批准；招标人应当有进行招标项目的相应资金或者资金来源已经落实，并应当在招标文件中如实载明。

依法必须进行勘察设计招标的工程建设项目，应当具备下列条件才能进行施工招标：（1）按照国家有关规定需要履行项目审批手续的，已履行审批手续，并取得批准。（2）勘察设计所需的资金已经落实。（3）所必需的勘察设计基础资料已经收集完成。（4）法律法规规定的其他条件。

依法必须进行施工招标的工程建设项目，应当具备下列条件才能进行施工招标：（1）招标人已经依法成立。（2）初步设计及概算应当履行审批手续的，已经批准。（3）招标范围、招标方式和招标组织形式等应当履行核准手续的，已经核准。（4）有相应资金或资金来源已经落实。（5）有招标所需的设计图纸及技术资料。

2. 建设工程招标的方式

《招标投标法》规定，招标有公开招标和邀请招标两种方式。

（1）公开招标。

公开招标也称无限竞争招标，是指招标人通过国家指定的报刊、信息网络或者其他媒介发布招标公告的方式邀请不特定的法人或者其他组织投标。采用公开招标方式，可以为所有符合招标条件的潜在投标人提供一个平等参与和充分竞争的机会，这样有利于招标人选择最优的中标人，但其招标成本较高。根据《招标投标法》第三条的规定，应当进行公开招标的项目有：①大型基础设施、公用事业等关系社会公共利益、公众安全的项目；②全部或者部分使用国有资金投资或者国家融资的项目；③使用国际组织或者外国政府贷款、援助资金的项目。

（2）邀请招标。

邀请招标也称有限竞争招标，是指招标人以投标邀请书的方式邀请特定的法人或者其他组织招标。采用邀请招标方式，由于被邀请参加竞争的潜在投标人数量有限，而且事先已经对投标人进行了调查了解，因此不仅可以节省招标人的招标成本，而且能提高投标人中标的概率，使得潜在投标人的投标积极性较高。但是，由于邀请招标的对象被限制在特定的范围内，可能使得其他优秀的潜在投标人被排斥在外。对下列情形，经批准可以进行邀请招标：①项目技术复杂或有特殊要求，或者受自然地域环境限制，只有少量潜在投标人可供选择；②涉及国家安全、国家秘密或者抢险救灾，适宜招标但不宜公开招标；③采用公开招标方式的费用占项目合同金额的比例过大。

对于依法必须招标的项目，应当公开招标，只有符合以上规定的情形，才能进行邀请招标。但为了保障邀请招标的竞争性，我国法律规定了邀请招标对象的最低数量："采用邀请招标方式的，招标人应当向三家以上具备承担施工招标项目的能力、资信良好的特定的法人或者其他组织发出投标邀请书。"

3. 建设工程招标的程序

建设工程招标的基本程序主要包括：履行项目审批手续、自行办理或委托招标代理机构、编制招标文件及标底、发布招标公告或投标邀请书、资格审查、开标、评标、中标和签订合同，以及终止招标等。

（1）履行项目审批手续。

按照国家有关规定需要履行项目审批、核准手续的，应当先履行审批手续并取得批准或核准；依法必须进行招标的项目，其招标范围、招标方式和招标组织形式等应当报项目的审批、核准部门进行审批、核准，部门应当及时将结果通报有关行政监督部门。

（2）自行办理或委托招标代理机构。

招标人具有编制招标文件和组织评标能力的，可以自行办理招标事宜。任何单位和个人不得强制其委托招标代理机构办理招标事宜。依法必须进行招标的项目，招标人自行办理招标事宜的，应当向有关行政监督部门备案。自行招标应当具备下列条件：具有项目法人资格（或者法人资格）；②具有与招标项目规模和复杂程度相适应的工程技术、概预算、财务和工程管理等方面专业技术力量；③有从事同类工程建设项目招标的经验；④设有专门的招标机构或者拥有3名以上专职招标业务人员；⑤熟悉和掌握招标投标法律及有关法规、规章。

招标人不具备自行招标能力，或者不愿自行招标的，应当委托具有相应资格条件的专业招标代理机构，由其代理招标人进行招标。招标代理机构是"依法设立、从事招标代理业务并提供相关服务的社会中介组织"，应当具备下列条件：①有从事招标代理业务的营业场所和相应资金；②有能够编制招标文件和组织评标的相应专业力量；③有符合可以作为评标委员会成员人选的技术、经济等方面的专家库。招标代理机构与行政机关和其他国家机关不得存在隶属关系或者其他利益关系，不得无权代理、越权代理，不得明知委托事项违法而进行代理。招标代理机构不得接受同一招标项目的投标代理和投标咨询业务；未经招标人同意，不得转让招标代理业务。

（3）编制招标文件及标底。

根据建设项目招标方式的不同，招标文件的内容和编制要点也不尽相同，应按照具体要求正确进行编制。招标人应当根据招标项目的特点和需要编制招标文件及标底。招标文件应当包括招标项目的技术要求、对投标人资格审查的标准、投标报价的要求和评标标准等所有实质性要求以及拟签订合同的主要条款。国家对招标项目的技术、标准有规定的，招标人应当按照其规定在招标文件中提出相应的要求。招标文件的内容：招标文件通常分为投标须知、合同条件、工程技术规范、投标文件的格式、图纸和技术资料以及工程量清单等几部分内容。为保证招标文件的公正合理，《招标投标法》及其相关规定还要求招标人编制招标文件时，应当遵守如下规定。

第一，招标文件不得要求或者标明特定的生产供应者以及含有倾向或者排斥潜在投标人的其他内容。在施工招标中，招标文件中规定的各项技术标准均不得要求或标明某一特定的专利、商标、名称、设计、原产地或生产供应者，不得含有倾向或者排斥潜在投标人的其他内容。如果必须引用某一生产供应者的技术标准才能准确或者清楚地说明拟招标项目的技术标准时，则应当在参照后面加上"或相当于"的字样。

第二，招标人对已发出的招标文件进行必要的澄清或修改的，应当在招标文件提交截止时间至少 15 日前，以书面形式通知所有招标文件收受人。在施工招标中，对潜在投标人在阅读招标文件和现场踏勘中提出的疑问，投标人可以以书面形式或召开投标预备会的方式解答，但需要同时将解答以书面方式通知所有购买招标文件的潜在投标人。该澄清、修改或解答的内容为招标文件的组成部分。

第三，在招标文件中，招标人应当确定投标人编制投标文件所需要的合理时间。但是，依法必须进行招标的项目，自招标文件开始发出之日起至投标人提交投标文件截止之日止，最短不得少于 20 日。招标文件应当规定一个适当的投标有效期，从提交投标文件截止日起计算。

第四，在投标有效期内，招标人要完成评标、定标和与中标人签订合同等工作。从法律意义上来说，在投标有效期内，投标人的投标文件对投标人具有法律约束力，投标人不得对其补充、修改、撤回；如果投标人在投标有效期内补充、修改、撤回投标文件，招标人有权没收其投标保证金并要求赔偿损失。在原投标有效期结束前，出现特殊情况的，招标人可以以书面形式要求所有的投标人延长投标有效期。投标人同意延长的，不得要求或被允许修改其投标文件的实质性内容，但应当相应延长其投标保证金的有效期；投标人拒绝延长的，其投标失败，但投标人有权收回其投标保证金。因延长投标有效期造成投标人损失的，招标人应当给予补偿，但因不可抗力需要延长投标有效期的除外。

（4）发布招标公告或投标邀请书。

招标人采取邀请招标方式的，应当向 3 家以上具备承担施工招标项目能力、资信良好的特定的法人或者其他组织发出投标邀请书。招标人设有标底的，标底必须保密。招标人根据招标项目的具体情况，可以组织潜在投标人踏勘项目现场。

实行公开招标的应当发布招标公告。招标人可以通过信息网络或者其他媒介发布招标文件，这些招标文件与书面招标文件具有同等法律效力，但出现不一致时以书面招标文件为准，招标人应当保持书面招标文件原始正本的完好。招标人应当按招标公告或者投标邀请书规定的时间、地点出售招标文件。自招标文件出售之日起至停止出售之日止，最短不得少于 5 个工作日。对招标文件的收费应当合理，不得以营利为目的。招标人在发布招标公告、发出投标邀请书后或者售出招标文件或资格预审文件后不得擅自终止招标。

（5）资格审查。

招标人可以根据招标项目本身的特点和要求，在招标公告或者招标邀请书中要求投标申请人提供有关资质、业绩和能力等的证明，并对投标申请人进行资格审查。资格审查分为资格预审和资格后审。资格预审是指在招标开始之前或者开始初期，由招标人对申请参加投标的潜在投标人在资格条件、业绩、信誉、技术、资金等多方面的情况进行资格审查；资格预审不合格的潜在投标人不得参加投标。资格后审一般是在开标后对投标人进行的资格审查。资格后审不合格的投标人的投标应作废标处理。

资格审查的内容包括：①是否具有独立订立合同的权利；②是否具有合同履行能力，包括专业、技术资格和能力，资金、设备和其他物质设施状况，管理能力、经验、信誉和相应的从业人员；③没有处于被责令停业，投标资格被取消，财产被接管、冻结、破产状态；④在最近3年内没有骗取中标和严重违约及重大工程质量问题；⑤国家规定的其他资格条件。应当注意的是，资格审查时，招标人不得以不合理的条件限制、排斥潜在投标人或者投标人，不得对潜在投标人或者投标人实行歧视待遇。任何单位和个人不得以行政手段或者其他不合理方法限制投标人的数量。

（6）开标。

开标时间应为招标文件中规定的时间，开标地点应当为招标文件中预先确定的地点。开标由招标人主持，邀请所有投标人参加。开标时，由投标人或者其推选的代表检查投标文件的密封情况，也可以由招标人委托的公证机构检查并公证；经确认无误后，由工作人员当众拆封，宣读投标人名称、投标价格和投标文件的其他主要内容。招标人在招标文件要求提交投标文件的截止时间前收到的所有投标文件，开标时都应当当众予以拆封、宣读。开标过程应当记录，并存档备查。投标文件逾期送达或者未送达指定地点的，招标人不予受理；投标文件未按招标文件要求密封的，招标人不予受理。

（7）评标。

评标由招标人依法组建的评标委员会负责。依法必须招标的项目，其评标委员会由招标人的代表和有关技术、经济等方面的专家组成，成员为5人以上单数，其中技术、经济等方面的专家不得少于成员总数的2/3。评标委员会成员的名单在中标结果确定前应当保密。

评标委员会可要求投标人对投标文件中含义不明确的内容作必要的澄清或说明，但澄清或说明不得超出投标文件的范围或者改变投标文件的实质性内容。评标委员会完成评标后，应当向招标人提出书面评标报告，并推荐合格的中标候选人。中标候选人应当不超过3个，并标明排序评标报告，应当由评标委员会全体成员签字。评标委员会经评审，认为所有投标都不符合招标文件要求的，可以否决所有投标。依法必须进行招标的项目的所有投标被否决的，招标人应当依法重新招标。

有下列情况之一的，评标委员会应当否决其投标：①投标文件未经投标单位盖章和单位负责人签字。②投标联合体没有提交共同投标协议。③投标人不符合国家或者招标文件规定的资格条件。④同一投标人提交两份以上不同的投标文件或投标报价，但招标文件要求提交备选投标的除外。⑤投标报价低于成本或者高于招标文件设定的最高投标限价。⑥投标文件没有对招标文件的实质性要求和条件作出响应。⑦投标人有串通投标、弄虚作假、行贿等违法行为。

（8）中标。

招标人应当接受评标委员会推荐的中标候选人，不得在评标委员会推荐的中标候选人之外确定中标人。依法必须招标的项目，招标人应当确定排名第一的中标候选人为中标人。排名第一的中标候选人放弃中标、因不可抗力提出不能履行合同，或者招标文件规定应当提交履约保证金而在规定的期限内未能提交的，可确定排名第二的中标候选人为中标人。排名第二的中标候选人因前述规定的同样原因不能签订合同的，可确定排名第三的中标候选人为中标人。

《招标投标法》第四十一条规定，中标人的投标应当符合下列条件之一：①能够最大限度地满足招标文件中规定的各项综合评价标准。②能够满足招标文件的实质性要求，并且经评审的投标价格最低，但是投标价格低于成本的除外。评标委员会提出书面评标报告后，招标人一般应当在15日内确定中标人，但最迟应当在投标有效期结束日30个工作日前确定。采用公开招标的，在中标通知书发出前，要将预中标人的情况在该工程项目招标公告发布的同一信息网络和建设工程交易中心予以公示，公示的时间最短应当不少于2个工作日。招标人根据评标委员会提出的书面评标报告和推荐的中标候选人确定中标人。招标人也可以授权评标委员会直接确定中标人。中标人确定后，招标人应当于7天内发出中标通知书，同时抄送各未中标单位。中标通知书对招标人和中标人具有法律效力。中标通知书发出后，招标人改变中标结果的，或者中标人放弃中标项目的，应当依法承担法律责任。

（9）签订合同。

依照《招标投标法》第四十六条的规定，招标人和投标人应当自中标通知书发出之日起30日内，按照招标文件和中标人的投标文件订立书面合同。招标人和投标人不得再行订立背离合同实质性内容的其他协议。招标文件要求中标人提交履约保证金的，中标人应当提交。当事人就同一建设工程另行订立的建设工程施工合同与经过备案的中标合同实质性内容不一致的，应当以备案的中标合同作为结算工程价款的根据，招标人与中标人另行签订的合同无效。

4. 违反招标规则的情形及责任

招标人或者招标代理机构有下列情形之一的，有关行政监督部门责令其限期改正，根据情节可处3万元以下的罚款；情节严重的，招标无效：未在指定的媒介发布招标公告的；邀请招标不依法发出投标邀请书的；自招标文件或资格预审文件出售之日起至停止出售之日止，少于5个工作日的；依法必须招标的项目，自招标文件开始发出之日起至提交投标文件截止之日止，少于20日的；应当公开招标而不公开招标的；不具备招标条件而进行招标的；应当履行核准手续而未履行的；不按项目审批部门核准内容进行招标的；在提交投标文件截止时间后接收投标文件的；投标人数量不符合法定要求不重新招标的。

（四）建设工程的投标规则

1. 投标人的资格

投标人即响应招标、参加投标竞争的法人或者其他组织。依法招标的科研项目允许个人参加投标的，投标的个人适用《招标投标法》有关投标人的规定。投标人应当具备承担招标项目的能力并具备法规或招标文件规定的投标人的资格条件。投标人参加依法必须招标的项目的投标，不受地区或者部门的限制，任何单位和个人不得非法干涉。根据《工程建设项目施工招标投标办法》，招标人的任何不具独立法人资格的附属机构（单位），或者为招标项目的前期准备或者监理工作提供设计、咨询服务的任何法人及其任何附属机构（单位），都无资格参加该招标项目的投标。若投标人发生合并、分立、破产等重大变化，应当及时书面告知招标人。投标人不具备资格预审文件、招标文件规定的资格条件或者其投标影响招标公正性的，其投标无效。

2. 投标文件

（1）投标文件的编制。

投标文件是衡量投标企业的资历、质量和技术水平、管理水平的综合文件，是审标和决标的主要依据。投标人应当按照招标文件的要求编制投标文件，投标文件应当对招标文件的实质性要求作出响应。招标项目属于建设施工的，投标文件的内容应当包括拟派出的项目负责人与主要技术人员的简历、业绩和拟用于完成招标项目的机械设备等。根据《工程建设项目施工招标投标办法》，投标文件一般包含下列内容：投标函、投标报价、施工组织设计、商务和技术偏差表。投标人根据招标文件载明的项目实际情况，拟在中标后将中标项目的部分非主体、非关键性工作进行分包的，应当在投标文件中载明。此外，投标人还应向招标单位提供以下材料：企业营业执照和资质证书、企业简介、自有资金情况、近三年承建的主要工程及其质量情况、现有主要施工任务（包括在建及尚未开工工程一览表）等。

（2）投标文件的修改与撤回。

投标人在招标文件要求提交投标文件的截止时间前，可以补充、修改或者撤回已提交的投标文件，并书面通知招标人。补充、修改的内容为投标文件的组成部分。若投标人撤回已提交的投标文件，应当在投标截止时间前书面通知招标人。

（3）投标文件的送达与签收。

投标人应当在招标文件要求提交投标文件的截止时间前，将投标文件送达投标地点。招标人收到投标文件后，应当签收保存，不得开启。投标人少于3个的，招标人应当依法重新招标。在招标文件要求提交投标文件的截止时间后送达的投标文件，招标人应当拒收。重新招标后投标人仍少于3个的，属于必须审批的工程建设项目，报经原审批部门批准后可以不再进行招标；其他工程建设项目，招标人可以自行决定不再进行招标。

3. 投标保证金

投标保证金是为了防止投标人不审慎投标而由招标人在招标文件中设定的一种担保形式。为约束投标人的投标行为，保护招标人的利益，维护招标投标活动的正常秩序，招标人通常会要求投标人提供投标保证金。

投标保证金提交的形式除了现金外，可以是银行出具的银行保函、保兑支票、银行汇票或现金支票。投标保证金一般不得超过投标总价的2%，且最高不得超过80万元人民币。投标保证金有效期应与投标有效期一致。投标人应当按照招标文件要求的方式和金额，将投标保证金随投标文件提交给招标人。投标人不按招标文件要求提交投标保证金的，该投标文件将被拒绝，作废处理。

招标人与中标人签订合同后5个工作日内，应当向未中标的投标人退还投标保证金。在发生下列情形时，招标人有权没收投标保证金：①在提交投标文件截止时间后到招标文件规定的投标有效期终止之前，投标人撤回投标文件的；②中标通知书发出后，中标人放弃中标项目的，无正当理由不与招标人签订合同的，在签订合同时向招标人提出附加条件或者更改合同实质性内容的，或者拒不提交所要求的履约保证金的，招标人可取消其中标资格，并没收其投标保证金。

4. 投标人的禁止行为

投标人不得相互串通投标报价，不得排挤其他投标人的公平竞争，损害招标人或者其他投标人的合法权益。投标人串通投标的具体行为包括：投标者之间相互约定，一致抬高或者压低投标报价；投标者之间相互约定，在招标项目中轮流以高价位或者低价位中标；投标者之间先进行内部竞价，内定中标人，然后再参加投标；等等。

投标人不得与招标人串通投标，损害国家利益、社会公共利益或者他人的合法权益。投标人与招标人的串通投标行为具体包括：招标者在公开开标前，开启标书，并将投标情况告知其他投标者，或者协助投标者撤换标书，更改报价；招标者向投标者泄露标底；投标者与招标者商定，在招标投标时压低或者抬高标价，中标后再给投标者或者招标者额外补偿；招标者预先内定中标者，在确定中标者时以此决定取舍；等等。

禁止投标人以向招标人或者评标委员会成员行贿的手段谋取中标。投标人不得以低于成本的报价竞标，也不得以他人名义投标或者以其他方式弄虚作假、骗取中标。

（五）建设工程招标投标的法律责任

建设工程招投标的参与人因违反招投标有关的法律规定，可能承担民事责任、行政责任及刑事责任。

1. 民事责任

招标投标活动中，一方当事人违背诚实信用原则导致未能订立合同或合同被确认无效或被撤销并使另一方遭受信赖利益的损失，应当依照《民法典》的规定承担缔约过失责任。在下列情况下，给投标人造成损失的，招标人应承担缔约过失责任：采取不公平的方式进行招标；因自身原因结束正在进行的招标活动，或者无条件单方宣布招标失败；未履行通知义务恶意更改招标文件；违反通知、保护、协作、注意等附随义务，隐瞒招标工程的真实信息、建筑工程的技术条件、工程原材料、投资保证等；招标人与投标人在招标过程中恶意串通，如招标人在开标前将建筑工程的信息泄露给特定的投标人，透露主要竞争对手所报的底价，招标人对标书的审查实行差别对待，形成不公平竞争等等；滥用招标人拒绝所有投标的权力。

在下列情况下，给招标人或其他投标人造成损失的，投标人应承担缔约过失责任：投标人之间相互串通，如投标人（施工方）串通压低或哄抬标价；中标人无法定理由拒绝签订建筑工程合同，其因"重大误解"拒绝签订合同可免责，但是，建筑工程合同中的正常市场竞争内容和投标人自身的知识水平对施工技艺条件、材料条件、价格等因素的正常定位、市场错误决定不在"重大误解"的范围内；投标人骗标，如填写虚假的投标申请书数据、资料并对招标活动产生决定性的影响；利用有资质的企业的名义投标；等等。

2. 行政责任

招标投标中的行政责任是指招标投标活动的当事人因违反行政法律规范，而依法应当承担的法律后果。招标投标活动中的当事人对其违反招投标的行政法律规定而应承担由其行政监督管理机构追究的行政责任。招投标业务涉及的政府建设行政主管部门是对招投标进行直接监督的具体执行机构，从相关法律、法规来看，工程建设招投标的行政监督管理部门主要是建设厅和地方建设局及下属政府行政主管部门，其中的招投标管理部门（即招标办）在招投标管理中承担对招投标活动进行指导、监控、监督、执法和受理投诉、对违规行为的进行查处等全过程监管职能，涉及的范围广、内容和环节比较多，集管理、执法和监督于一身。招标投标当事人承担行政责任的主要方式有：警告、罚款、没收违法所得、责令停业、没收投标保证金、取消投标资格及吊销营业执照。

招标人应承担行政责任的违法行为包括：① 依法进行招标的项目，招标人不发布招标广告的；将必须招标的项目化整为零或以其他任何方式规避招标的。② 以不合理条件限制或排斥潜在投标人，或对潜在投标人实行歧视待遇的；强制要求投标人组成联合体共同投标，或限制投标人之间竞争的。③ 依法必须进行招标的项目的招标人向他人透露已获取招标文件的潜在投标人的名称、数量或者可能影响公平竞争的有关招标、投标的其他情况的；或者泄露标底的。④ 招标人在评标委员会依法推荐的中标候选人以外确定中标人，或招标人与中标人不按招标文件和中标人的投标文件订立合同的，或招标人、中标人订立背离合同实质性内容协议的。依据《招标投标法》，招标人有以上行为者，招投标的行政监督部门有权依法责令改正并处罚款，对单位直接负责的主管人员和其他直接责任人员依法给予处分。凡因招标人侵权行为影响招标公开、公平、公正原则的，中标无效。凡招标人在评标委员会依法推荐的中标候选人之外确定中标人，或在所有投标者被评标委员会否决后自行确定中标人的，其中标无效。

招标代理机构应承担行政责任的违法行为包括：不具备法律规定资格和条件而从事招标代理活动的；在招标过程中违反法律规定，泄露应当保密的与招标投标活动有关的情况和资料的；与招标人、投标人串通损害国家利益、社会公共利益或他人合法权益。依据《招标投标法》，招标代理人有以上行为者，其行政监督部门有权对该单位及单位的主管人员和其他责任人员处以罚款，并处没收违法所得；情节严重的，暂停直至取消招标代理资格；给人造成损失的，依法承担赔偿责任。因招标代理机构侵权行为而产生的中标结果，依法确认该中标无效。

投标人应承担行政责任的违法行为有：不具备法律规定资格和条件而从事投标活动的；以他人名义投标或以其他方式弄虚作假、骗取中标的；相互串通投标或与招标人串通投标的；以向招标人或评标委员会成员行贿的手段谋取中标的；依法必须招标的项目，招标人与投标人就投标价格、投标方案等实质性内容进行谈判的。投标人有以上行为者，其行政监督机构有权依法处以罚款，没收违法所得；情节严重的，取消投标资格，吊销营业执照。给他人造成损失的，依法承担赔偿责任；投标人串通投标，或以向招标人和评标委员会成员行贿手段获得的中标，或假借他人名义投标，搞弄虚作假骗取中标的，其中标无效。

评标委员会应承担行政责任的违法行为有：由不具备法律规定的充当评标委员专业水平和能力的成员组成的评标委员会，或不按法律规定而组建的评标委员会为不合法的评标委员会，其评定的结果无效；评标委员会成员收受投标人的财物或其他好处的；评标委员会成员或参加评标有关工作人员违背公正原则，向他人透露对投标文件的评审和比较、中标候选人的推荐，以及与评标有关的其他情况的。评标委员会有以上行政违法行为者，依《招标投标法》的规定，其行政监督机构依法给予警告、没收收受的财物，可并处罚款，取消其担任评标委员会成员的资格。

中标人应承担行政责任的违法行为有：（1）中标人中标后，将中标项目擅自转让给他人的，或将中标项目肢解后分别转让给他人的；或违反《招标投标法》规定，将中标项目的部分主体、关键性工作分包给其他人的。（2）不履行与招标人订立的合同，不退还履约保证金，给招标人造成损失超过履约保证金额的；不按照与招标人订立的合同履行义务的。中标人有以上行政违法行为者，其行政监督机构将依法处以罚款、没收违法所得、责令停业整顿、取消参加投标的资格甚至吊销营业执照。中标人将中标项目转给他人、将中标项目肢解后分别转让给他人，或将中标项目的部分主体、关键性工作分包给他人，或分包人再次分包的，该转让、分包无效。

3. 刑事责任

招标投标活动中的当事人因违反刑法构成犯罪而应该按刑法的规定承担相应的刑事责任。

招标人因泄漏标底并造成重大损失的，可能构成侵犯商业秘密罪。投标人在投标过程中，可能构成下列犯罪并承担相应刑事责任。（1）串通投标罪。投标人伙同其他人串通投标，且造成国家损失巨大，情节严重，依据《刑法》第二百二十三条的规定，构成串通投标罪，可处三年以下有期徒刑或者拘役，并处或者单处罚金。（2）投标人以非法占有为目的，在签订、履行合同过程中实施骗取对方当事人财物，数额较大的，依据我国《刑法》第二百二十四条的规定构成合同诈骗罪，可处 3 年以下有期徒刑或者拘役，并处或者单处罚金；数额巨大或者有其他严重情节的，处 3 年以上 10 年以下有期徒刑，并处罚金；数额特别巨大或者有其他特别严重情节的，处 10 年以上有期徒刑或者无期徒刑，并处罚金或者没收财产。（3）投标人向招标人或者评标委员会成员行贿，依据我国《刑法》第三百九十一条的规定构成行贿罪，可处 3 年以下有期徒刑或者拘役。单位犯行贿罪的，对单位判处罚金，并对其直接负责的主管人员和其他直接责任人员，依照相关规定处罚。

案例

商丘 H 钢结构实业有限公司与 S 县人民政府建设工程施工合同纠纷上诉案

基本案情

2004 年 11 月 19 日，商丘 H 钢结构实业有限公司（以下简称"H 公司"）与 S 县人民政府（以下简称"S 县政府"）签订工业标准厂房轻钢结构设计、制作安装合同，约定由 H 公司为 S 县政府建造工业标准化厂房两幢。另外还约定：由于 H 公司的原因造成厂房未如期完工验收，或 S 县政府未按合同规定期限和方式付款，每逾期一天，违约方向对方支付违约金 1 000 元，逾期 5 天以上，每超过一天，支付违约金 2 000 元。2005 年 4 月 22 日，H 公司与 S 县政府又签订一份补充协议，对工程进行了设计变更，并调整工程合同总价款为 2 525 050.8 元。

2005 年 6 月 5 日，H 公司开工建设。2005 年 12 月 16 日，H 公司全部工程经竣工验收合格。2006 年 9 月 10 日，H 公司向 S 县政府出具建筑工程结算汇总表，S 县政府同意扣除代缴税款后，按补充协议约定的款项向 H 公司付款。2007 年 8 月 9 日，H 公司向商丘市中级人民法院提起诉讼，请求：判令 S 县政府支付工程款 633 727.26 元，支付违约金 145.6 万元，赔偿其他损失 910 272.74 元。

📁 裁判要旨

一审法院认为：一、《中华人民共和国招标投标法》第三条第一款规定："在中华人民共和国境内进行下列工程建设项目包括项目的勘察、设计、施工、监理以及与工程建设有关的重要设备、材料等的采购，必须进行招标：（一）大型基础设施、公用事业等关系社会公共利益、公众安全的项目；（二）全部或者部分使用国有资金投资或者国家融资的项目；（三）使用国际组织或者外国政府贷款、援助资金的项目。"国务院《工程建设项目招标范围和规模标准规定》①第四条规定："使用国有资金投资项目的范围包括：（一）使用各级财政预算资金的项目；（二）使用纳入财政管理的各种政府性专项建设基金的项目；（三）使用国有企业事业单位自有资金，并且国有资产投资者实际拥有控制权的项目。"第七条规定②："本规定第二条至第六条规定范围内的各类工程建设项目，包括项目的勘察、设计、施工、监理以及与工程建设有关的重要设备、材料等的采购，达到下列标准之一的，必须进行招标：（一）施工单项合同估算价在 200 万元人民币以上的。……"S 县政府发包的 S 县工业标准厂房工程系 S 县政府出资的工程，工程款通过 S 县会计核算中心支付，且工程项目的合同价在 200 万元以上，因而本案工程依照上述规定应属必须招标的工程，H 公司与 S 县政府签订的合同及补充协议未进行招投标违反了法律的禁止性规定，合同无效。二、H 公司与 S 县政府签订的合同无效，但工程验收合格，承包人请求参照合同约定支付工程价款的，应予支持，H 公司要求 S 县政府支付违约金的理由于法无据，不予支持。

一审法院判决：一、S 县政府于本判决生效后 10 日内支付 H 公司工程款 78 568.13 元并赔偿因该款延期支付所造成的经济损失。二、驳回 H 公司其他诉讼请求。

H 公司不服原审判决，提起上诉称：1. 本案工程为工业厂房，显然不是关系社会公共利益、公众安全的公用事业项目及公用事业项目的范围，S 县政府也无证据证明本案工程属于使用国有资金投资项目或是国家融资项目等，本案工程非属必须招投标的范围。本案工程并未达到必须招投标的规模标准，本案工程实为两个单项合同，两个合同总价款为 2 153 719.8 元。若将两个合同分解，每个单项均不到 200 万元。一审判决认定合同无效显然错误。2. 合同有效，S 县政府未按合同约定支付工程款，应当按照合同约定每天支付

---

① 该规定现已失效，现行规则参见《必须招标的工程项目规定》第二条："全部或者部分使用国有资金投资或者国家融资的项目包括：（一）使用预算资金 200 万元人民币以上，并且该资金占投资额 10%以上的项目；（二）使用国有企业事业单位资金，并且该资金占控股或者主导地位的项目。"
② 现行规则参见《必须招标的工程项目规定》第五条："本规定第二条至第四条规定范围内的项目，其勘察、设计、施工、监理以及与工程建设有关的重要设备、材料等的采购达到下列标准之一的，必须招标：（一）施工单项合同估算价在 400 万元人民币以上；（二）重要设备、材料等货物的采购，单项合同估算价在 200 万元人民币以上；（三）勘察、设计、监理等服务的采购，单项合同估算价在 100 万元人民币以上。"

2 000元违约金，H公司要求S县政府每天支付违约金2 000元计145.6万元于法有据。请求二审法院查明事实，依法改判。

二审法院认为：一、本案的施工项目是H公司为S县政府建造的工业标准化厂房两幢，虽然发包单位是S县政府，但该建设项目不属于国有企业的大中型建设工程项目，不符合《工程建设项目招投标范围和规模标准规定》[①]中的"关系社会公共利益、公共安全的基础设施范围；关系社会公共利益、公共安全的公用设施项目的范围"等必须招投标的范围及规模标准。虽然工程款是通过S县会计核算中心支付的，但S县政府并没有证据证明本案工程属于使用国有资金投资项目的范围中各级财政预算资金或使用纳入财政管理的各种政府性专项建设资金项目。二、原判认定合同无效不当，应予以纠正，但实体处理妥当，予以维持。

案件评析

本案争议焦点是建设工程施工合同是否有效，判断的标准是案涉工程是否属于强制性招标项目。如果属于强制性招标项目，H公司与S县政府签订的建设工程施工合同无效，反之有效。

《招标投标法》第三条规定"在中华人民共和国境内进行下列工程建设项目包括项目的勘察、设计、施工、监理以及与工程建设有关的重要设备、材料等的采购，必须进行招标：（一）大型基础设施、公用事业等关系社会公共利益、公众安全的项目；（二）全部或者部分使用国有资金投资或者国家融资的项目；（三）使用国际组织或者外国政府贷款、援助资金的项目。前款所列项目的具体范围和规模标准，由国务院发展计划部门会同国务院有关部门制订，报国务院批准。法律或者国务院对必须进行招标的其他项目的范围有规定的，依照其规定。"

就本案而言，案涉工程是否属于强制性招标项目应当从项目性质和使用资金来源两方面判断。从项目性质看，该工程属于厂房，不属于《招标投标法》和《工程建设项目招标范围和规模标准规定》中规定的"关系社会公共利益、公众安全的基础设施项目"的范围，也不属于"关系社会公共利益、公众安全的公用事业项目的范围"。从使用资金来源看，发包人S县政府没有证据证明案涉工程属于"使用国有资金投资项目的范围"。因此，案涉工程并不是强制性招标项目，H公司与S县政府签订的建设工程施工合同有效。既然合同有效，违约金条款应当适用，二审法院确认合同有效，但不支持H公司的违约金主张的判决有待商榷。

三、建设工程的政府采购制度

我国规范政府建设工程采购行为的主要法律渊源是《政府采购法》。政府工程采购是政府采购的一个重要组成部分，与政府采购中的货物采购、服务采购相较，具有标的固定、

[①] 现行规则参见《必须招标的工程项目规定》第四条："不属于本规定第二条、第三条规定情形的大型基础设施、公用事业等关系社会公共利益、公众安全的项目，必须招标的具体范围由国务院发展改革部门会同国务院有关部门按照确有必要、严格限定的原则制订，报国务院批准。"

过程复杂、资金额大、内容综合等特征，指使用财政性资金新建、改建、扩建、拆除、修缮或翻新构筑物及所属设备和改造自然环境的行为，具体包括建造房屋、土木工程、建筑装饰、设备安装、管线铺设、兴修水利、修建交通设施、铺设下水管道、改造环境等建筑项目的总承包勘察、设计、建筑材料、设备供应等①。从工程的性质和表现形式上看，政府工程采购就是政府投资或政府部分投资的工程项目。政府投资项目应当包括如下三类：（1）大型基础设施、公用事业等关系社会公共利益、公众安全的项目；（2）国家投资、融资的项目；（3）使用国际组织或外国政府贷款、援助资金的项目。从工程采购的过程和内容上看，政府工程采购过程就是使用财政性资金建造政府投资项目的过程，涉及过程项目的勘察、设计、施工、监理以及与工程建设有关的重要设备、材料等的采购，因此，其包括勘察及设计采购、施工采购、监理及资讯采购、设备及材料采购。

（一）政府工程采购的当事人

政府工程采购的当事人，是指在政府工程采购活动中享有权利和承担义务的各类主体，包括采购人、供应商和采购代理机构等。②

1. 采购人

采购人，是指依法进行政府工程采购的国家机关、实行预算管理的事业单位和团体组织，是采购活动的一方当事人，在政府工程采购合同中依法享有合同权利、承担合同义务。一般而言，采购人应当具有独立的民事行为能力，是独立享有民事权利和承担民事责任的法人组织③，是政府工程采购合同的一方当事人。采购人在采购活动中独立享有自行采购、选择采购代理机构、审查供应商资格、依法确定中标供应商、签订采购合同、参与采购履约验收、监督合同履行及提出特殊要求等权利；同时承担接受采购主管部门监督、尊重供应商合法和正当权益、保障采购活动符合采购法规要求以及承担违约责任等义务。在集中采购条件下，采购人的权利受到限制，采购人必须委托集中代理机构代为处理采购事项，采购人与集中采购机构之间是一种委托代理关系，采购人在工程采购活动中处于被代理人的地位，集中采购机构处于代理人的地位。

2. 供应商

采购供应商，是指为采购人提供工程服务的法人、其他组织和个人，是采购活动的另一方当事人，在政府工程采购合同中独立享有合同权利、承担合同义务。采购供应商包括承包商、施工企业、勘察单位、设计单位、监理单位、咨询单位、设备及材料供应商等，在性质上包括潜在供应商和中标供应商。要获得潜在供应商资格，须首先取得工程建设经营许可，具有工程建设从业资格、执业资格，并在核定的资质等级范围内从事工程建设活动；其次要符合《政府采购法》规定的供应商资格要求，并递交采购申请。中标供应商则是指获得工程采购合同的供应商。

---

① 高剑、汤超仁：《试论工程政府采购》，载《江西财税与会计》2000年第6期。
② 参见《政府采购法》第十四条。
③ 马海涛等编著：《政府采购管理》，经济科学出版社2003年版，第49页。

3. 采购代理机构

采购代理机构，是指在政府工程采购活动中为采购人提供采购代理服务的法人，在代理采购活动中处于代理人地位，依法享有代理人的权利、承担代理人的义务。《政府采购法》规定，集中采购机构为采购代理机构，为非营利性事业法人，根据采购人的委托办理采购事宜，由人民政府根据本级政府采购目录组织集中采购的需要设立；采购人采购纳入集中采购目录的政府采购项目，必须委托集中采购机构代理采购；采购未纳入集中采购目录的政府采购项目，可以自行采购，也可委托集中采购机构在委托的范围内代理采购。采购人可以委托经有关部门认定的采购代理机构，在委托的范围内办理采购事宜。

上述政府工程采购当事人在工程采购过程中必须接受政府采购监督管理机关的监督管理，以规范政府工程采购行为。工程采购监督机关的监督贯穿从工程采购需求的确定和采购计划的制定、工程项目的立项报建、工程项目的实施、采购资金的拨付到工程项目的使用及效益评价采购全过程。监督管理机关主要包括政府采购主管机关、建设、计划、审计、环境保护、国土规划、纪检监察等部门。

（二）政府工程采购的流程

1. 确定采购需求

采购需求应当由各采购实体提出，报财政部门审核，只有被财政部门列入年度采购计划的采购需求才能执行。政府工程采购需求应当符合政府采购政策及采购规划，必须体现或实现政府采购目标，应当考虑采购预算的限额，只有列入财政预算年度使用计划的工程项目才能被执行；应当正确评估政府工程采购过程的采购风险。该阶段的程序是：（1）确定采购需求；（2）确定采购目标；（3）市场调研；（4）拟定计划草案；（5）确定计划。

2. 选择采购方式

政府采购的方式主要有招标采购、询价采购、单一来源采购、谈判采购等，每一种采购方式都有其特征和适用范围。应当根据国家政策法规的规定和工程项目的特征选择适当的采购方式，要有利于保障工程质量、节约投资和加快工程进度，有利于促进竞争和保护国内政府工程采购供应商。

3. 审查供应商资格

供应商是指在中国境内外注册的企业、公司及其他提供工程的自然人、法人。合格的供应商资格包括[①]：第一，供应商应当具有履行采购合同所需的专业和技术资格、专业和技术能力、财力资源、设备、管理能力、可靠性、经验、声誉和人员；第二，供应商应具有订立采购合同的法定权利；第三，未处于无清偿能力、财产被接管、破产或停业状态，其事务目前未经法院或司法人员管理，其业务活动未中止，而且也未因为上述任何情况而成为法律诉讼的主体；第四，履行了缴纳本国税款和社会保障金的义务，在采购过程开始之前若干年内，未发现有违反国家税收法规及其他经济法规的违法违纪行为；第五，在采购

---

① 参见联合国《货物、工程和服务示范法》第 6 条和 7 条对供应商、承包商的资格标准、审查程序规定。

过程开始之前若干年内，其主要领导或主要职员没有触犯与其职业相关的或者与假报、虚报资格骗取采购合同相关的刑事犯罪。如果在采购过程中，采购人发现供应商提供的资料为虚假资料，提供资料在实质性方面失实或不完整等情况时，要取消该供应商的资格，并给予处罚。

4. 执行采购方式

政府工程采购采用招标方式，主要包括工程项目的报建与核准、招标采购申请和委托、编制审定招标文件和发布招标公告、进行资格预审和发售招标文件、组织现场勘察与招标文件答疑、接受投标文件、开标、评标和定标、授予中标通知书和签订合同等阶段。

5. 履行采购合同

在履行采购合同、交付验收与结算阶段，要特别加强对工程质量的控制、监督和管理，严格推行建设工程监理制度；要加强对工程项目资金的预算和使用的监督，严格推行工程项目资金审计制度；要加强对工程项目合同资金的支付管理，严格执行工程合同资金支付会签制度。在合同履行过程中和履行完毕后，采购实体应当会同有关部门对合同履行的阶段性结果和最终结果进行检验和评估。在供应商提供的工程质量、工期符合合同约定和国家法律法规规定的情况下，财政部门按验收证明书及采购合同的有关规定，与供应商进行资金结算。

思考题

1. 建设工程总、分包单位的法律责任如何承担？
2. 转包、违法分包或者借用他人资质签订的建设工程合同无效，如何处理？
3. 招标人与中标人签订建设工程施工合同后，中标人提出的让利承诺实质上是对工程价款的变更，该承诺是否有效？

第二节 建设工程合同的效力制度

一、建设工程合同的有效要件

合同要获得法律的肯定评价并产生当事人预期的约束力需要同时具备四个有效要件，即当事人具有相应的主体资格，意思表示真实，不违反法律或社会公共利益，标的须确定和可能。任何一个要件有缺陷，就可能影响合同的效力。除具备一般合同的有效要件之外，《建筑法》《民法典》《招标投标法》及相关法律法规和规章，还规定了建筑工程合同必须具备的下列特殊有效要件：（1）建设方即发包人必须具有法人资格，否则不能作为发包人，承包人必须具有法人资格及相关承包行业的相应资质等级等，否则不能作为承包人；（2）建设项目必须取得立项、规划许可、环境评价等，必须通过设计、环境、消防和职业健康等检查及申请批准开工报告等；（3）签订合同的程序必须符合要约与承诺的相关程序，特别是招投标法规定的程序；（4）建设工程合同的内容必须遵守相关法律、法规的规定，即必须遵守《建筑法》《民法典》及国务院的行政法规的强制性规定。

同时具备以上要件的建设工程合同为有效合同，能产生当事人预期的法律效力，当事人应当按照合同的约定履行义务，否则，就要承担违约责任[1]。

例如：某学院诉某建筑公司建设工程质量不合格案。某学院与某建筑公司签订了图书馆建设工程承包合同，合同约定建筑公司包工包料，工程验收合格交付使用后，如果在一年之内发生较大质量问题，由施工方负责修复；开工前支付工程材料费 30 000 元，主体工程完工后付 50 000 元，余额于验收合格后全部结清。工程如期竣工验收时，学院发现该图书馆的阅览室隔音效果不符合约定，楼顶也不符合要求，地板、墙壁等多项施工达不到国家规定的建筑质量标准。为此，学院要求建筑公司返工修理后再验收，建筑公司认为不影响使用拒绝返工修理，双方协商不成，诉至法院。

根据《最高人民法院关于审理建设工程施工合同纠纷案件适用法律问题的解释（一）》第十九条的规定，建设工程施工合同有效，但建设工程经竣工验收不合格时的结算问题按《民法典》第五百七十七条之违约责任的规定处理，即"当事人一方不履行合同义务或者履行合同义务不符合约定的，应当承担继续履行、采取补救措施或者赔偿损失等违约责任"。本案中，学院与建筑公司签订的建设工程承包合同符合法定的有效要件，属于有效合同，建筑公司应当履行合同约定的义务，保证建设工程的质量，向发包方交付验收合格的工程。既然建筑公司承建的图书馆经验收查明质量不符合合同的约定，发包方又要求建筑公司对质量不合格的部分进行返工、修理，那么建筑公司应当承担返工、修理的违约责任。

二、建设工程合同的效力待定

合同的效力待定，是指合同成立后因存在瑕疵致使合同不能产生预期的法律效力而处于效力暂不确定的状态，其效力状态需视法定期间内有追认权的当事人是否追认而确定。《民法典》规定的效力待定合同有三类：一是限制民事行为能力人订立的合同；二是无权代理人以本人名义订立的合同；三是无处分权人处分他人财产而订立的合同。导致合同效力待定的原因在于合同主体的资格存在瑕疵，表现为当事人缺乏缔约能力、缺乏订立合同的资格或缺少处分的权利。对这类合同，法律赋予权利人追认权，使之能基于本人利益而做出是否追认的决定从而使合同最终处于有效或无效的状态，这不仅能保护权利人的利益，也有利于促进交易。建筑工程合同的效力待定还有一种特殊情形，即应备案而未备案的"黑合同"的效力状态。

---

[1] 高印立著：《建设工程施工合同法律实务与解析》，中国建筑工业出版社 2012 年版，第 21-30 页。

> **案例**
>
> 确定施工方未依约定办理相关审批许可手续的建筑工程合同效力案

基本案情

2008年2月25日，汝南县市民赖某与该县清源钻井队工作人员李某签订了《钻井施工合同》一份。合同签订后，赖某在未办理取水许可、凿井工程审批手续的情况下，指定李某在某地点凿井一眼，施工中赖某累计向李某支付工程款24 000元。现该水井处于赖某所经营的宾馆使用中。2009年6月，李某将赖某诉诸法庭，要求支付剩余工程款13 800元。赖某认为，由于未办理凿井许可手续，双方所签订合同违反法律规定，应为无效合同，应驳回原告的诉讼请求，而且原告应退回被告的24 000元工程款。

案件评析

法院审理后认为，原、被告所签订的钻井施工合同，系双方真实意思表示，亦未违反法律、行政法规强制性规定，但被告未依约定办理相关审批许可手续，根据有关法律、行政法规规定则该合同处于效力待定状态。经调解，被告一次性支付原告打井欠款7 600元，原告自愿放弃其余诉讼请求，双方握手言和。本案原、被告间系建设工程施工合同纠纷。该案关键点在于原、被告间钻井取水施工合同效力如何界定。该合同属于建设工程施工合同，虽未经批准亦不宜直接认定为无效合同。因为，审理该案适用的《中华人民共和国合同法》①第五十二条第（五）项规定，违反法律、行政法规的强制性规定的合同无效，而《最高人民法院关于适用〈中华人民共和国合同法〉若干问题的解释（二）》第十四条规定，"合同法第五十二条第（五）项规定的'强制性规定'，是指效力性强制规定"。本案合同违反了《河南省取水许可和水资源费征收管理办法》②第十一条的规定，"取水申请经审批机关批准后，申请人方可兴建取水工程或者设施。应经审批、核准的建设项目，需建设取水工程或者设施而未取得取水申请批准文件的，项目主管部门不得审批、核准该建设项目"。该规定并非效力性的强制规定，因为《中华人民共和国水法》第六十五条第二款规定："未经水行政主管部门或者流域管理机构同意，擅自修建水工程……，且防洪法未作规定的，由县级以上人民政府水行政主管部门或者流域管理机构依据职权，责令停止违法行为，限期补办有关手续；逾期不补办或者补办未被批准的，责令限期拆除违法建筑物、构筑物；逾期不拆除的，强行拆除……"。对本案中未经审批所建的水工程，首先是责令停止施工并限期补办相关手续，而非强行拆除。据此，本案的合同宜被认定为效力待定合同。

三、建设工程合同的可变更或可撤销

可变更、可撤销的合同指当事人在订立合同时，因意思表示不真实，法律允许撤销权

---

① 《中华人民共和国合同法》《最高人民法院关于适用〈中华人民共和国合同法〉若干问题的解释（二）》现已失效，其内容已被《民法典》所吸纳或修改。
② 该规定现已失效。

人通过行使撤销权而使已经生效的合同归于无效的合同。《民法典》规定的可变更、可撤销的合同包括三种情形：（1）因重大误解而订立的合同；（2）在订立合同时显失公平的合同；（3）以欺诈、胁迫等手段或者乘人之危，使对方在违背真实意思的情况下订立的合同。对该三类合同，当事人一方有权请求人民法院或者仲裁机构变更或者撤销，若当事人未在法律规定的除斥期间内向人民法院或仲裁机构提出申请要求变更或撤销，则该合同继续有效。只有当事人在法定期间内提出申请，且人民法院或仲裁机构作出变更或撤销的判决或者裁决的，已变更部分的合同内容或已被撤销的合同才无效。

可变更或可撤销的建设工程合同是指基于法定原因，合同当事人有权诉请人民法院或者仲裁机构予以变更或撤销的建设工程合同。建设工程合同的变更或撤销请求只能由合同当事人提出，由人民法院或仲裁机构进行审查后确认该合同是否有效或应否予以变更或撤销。人民法院或仲裁机构审查、判决、裁决的范围不超过当事人的诉讼请求。在下列三种情况下，建设工程合同可变更或可撤销。

（1）重大误解。合同中的误解又称协议错误，是建筑合同当事人对合同关系要素的错误理解，动机上的错误、判断上的错误、法律上的错误以及单方意图表达错误是不能导致合同变更或者撤销的误解，都不属于合同的重大误解；因重大误解而订立的合同是意思表示有瑕疵的合同，合同履行的后果与合同缔约人的真实意思相悖，因而使合同效力处于一种可动摇的地位。已成立合同中的"误解"要构成可变更、可撤销的"重大误解"需要具备以下条件：① 重大误解与建筑合同的订立或合同条件存在因果关系；② 重大误解是建筑合同当事人自己的误解；③ 误解必须是重大的并造成当事人的重大不利后果，如对标的物本质或性质的误解，对合同中无关紧要的细节的误解或对市场行情的判断错误，不构成重大误解；④ 建筑合同当事人不愿承担对误解的风险。

（2）显失公平。在订立合同时，建筑合同当事人之间享有的权利和承担的义务严重不对等，如价款与标的价值过于悬殊，责任承担或风险承担显然不合理都构成显失公平。一般认为，构成显失公平的合同只需要客观要件具备即可认定。所谓客观要件是指根据合同订立时的一般情势衡量，双方当事人的物质利益显著不均衡。我国现行司法解释对此要件有所限制，要求认定合同是否显失公平时，既要看当事人物质利益是否过于悬殊，又要看当事人意思表示是否有瑕疵，即是否存在一方当事人利用对方没有经验或利用优势致使双方权利义务明显违背公平、等价有偿原则的情形。

（3）一方以欺诈、胁迫手段或者乘人之危，使对方在违背真实意思的情况下订立的建筑合同，受损害方有权请求人民法院或仲裁机构变更或撤销。[①]

> **案例**
>
> **建设工程合同因乘人之危、显失公平被撤销案**
>
> 📁 **基本案情**
>
> 2018年2月6日，原告浙江H公司与被告张家口G公司签订《建设工程合同》，双方

---

① 廖正江著：《建设工程合同条款精析及实务风险案解》，中国法制出版社2011年版，第87-95页。

约定于 2018 年 12 月 31 日前竣工完成"河北鑫跃焦化有限公司干熄焦工程"项目，该项目是政府要求必须于 2018 年 11 月 30 日前完工的民生项目。自 2018 年 4 月 23 日，张家口 G 公司施工完成第一个单体干熄焦本体工程后，部分作业面只有少数作业人员或有的作业施工面没有作业人员，工程进度严重迟缓。2018 年 6 月初，浙江 H 公司与张家口 G 公司签订了《建设工程补充合同》。工程竣工后，被告主张按照补充合同，原告应支付工程价款为 29 106 825 元，远超过当初合同约定的 200 万元。原告认为被告在补充合同中设计隐蔽的合同条款，欺骗原告在隐藏价格陷阱的合同文本上签字盖章。该补充合同系因被告的胁迫、欺诈签订，其内容不是原告的真实意思；且合同约定的价格严重高于公允价格，如依其结算被告将获取极端暴利，原告将严重受损害，显失公平，请求法院撤销原被告双方签订的《建设工程补充合同》。

📁 裁判要旨

法院审理后认为：一、双方签订补充合同的时间为 2018 年 6 月初，在此之前的一段时间即在 2018 年 4 月 27 日、5 月 9 日、5 月 16 日，业主建设单位连续三次在发给原告的工作联系函中指出土建施工人员少，有的工作面没有人，要求浙江 H 公司组织力量，增加人员，并对浙江 H 公司负责人员进行了约谈，在 5 月 16 日的工作联系函中还明确提出"我部安排工程师现场清点施工人数，达不到要求有权清理出场，责任贵公司自负"。与此同时，因不能按进度组织施工，作业面无工作人员的原因，自 2018 年 5 月 26 日至 6 月 7 日间，浙江 H 公司连续 4 次被业主单位考核罚款，罚款金额达 107 000 元。据此，本院认定在双方签订《建设工程补充合同》时，浙江 H 公司处于危困状态。根据《中华人民共和国合同法》第五十四条规定①，一方以欺诈、胁迫的手段或者乘人之危，使对方在违背真实意思的情况下订立的合同，受损害方有权请求人民法院或者仲裁机构变更或者撤销。二、在本院对张家口 G 公司工作人员进行询问时，张家口 G 公司工作人员称知道发包方催工期的情况，结合双方工作人员的微信聊天记录内容，本院认定张家口 G 公司对于浙江 H 公司处于危困状态是知晓的。双方在磋商签订补充合同中，张家口 G 公司利用了浙江 H 公司迫切需要恢复正常施工的危困状态，使浙江 H 公司在违背真实意愿的情况签订了补充合同。据此，法院判决撤销原告浙江 H 公司与被告张家口 G 公司签订的《建设工程补充合同》中的部分内容。

四、建设工程合同的无效

无效合同是指合同虽然成立，但因不具备法定的生效要件，法律不予承认和保护的合同。无效合同属于成立但不生效的合同，成立但不生效的合同多指合同在形式上不具备当事人约定的生效条件（附条件、附期限的合同）或尚未履行法定的登记、批准、公证、交付财产等手续；而无效合同多指程序上合法但内容违反法律、行政法规的强制性规定的合同。

---

① 该法现已失效，相关规定的内容参见《中华人民共和国民法典》第一百四十七条至一百五十一条。

《民法典》中有关合同无效的情形有以下四种：（1）无民事行为能力人实施的民事法律行为无效。（2）行为人与相对人以虚假的意思表示实施的民事法律行为无效。以虚假的意思表示隐藏的民事法律行为的效力，依照有关法律规定处理。（3）违反法律、行政法规的强制性规定的民事法律行为无效。但是，该强制性规定不导致该民事法律行为无效的除外。违背公序良俗的民事法律行为无效。（4）行为人与相对人恶意串通，损害他人合法权益的民事法律行为无效。在确认合同无效的程序上，若无效合同的无效是一种确定的事实状态，则合同本身自始无效、当然无效；若对合同是否无效有争议，当事人有权主张其无效并加以确认；无效合同的无效确认权，可由当事人自己行使或由人民法院或者仲裁机关或行政机关等其他主体行使。合同当事人以外的其他主体，一般情况下无权主张该合同无效，除非该无效合同损害其利益；根据不告不理原则，除非当事人请求确认无效，人民法院和仲裁机关即使发现某个合同为无效合同，也不能主动宣告该合同无效；若当事人请求行政机关对他们的合同纠纷进行行政调解，行政机关则可以以中间人的身份对纠纷进行调解，并对合同是否无效作出确认。

合同被确认无效或撤销后将导致合同自始无效，效力溯及既往，当事人依法承担相应的民事责任。《民法典》第一百五十七条规定："民事法律行为无效、被撤销或者确定不发生效力后，行为人因该行为取得的财产，应当予以返还；不能返还或者没有必要返还的，应当折价补偿。有过错的一方应当赔偿对方由此所受到的损失；各方都有过错的，应当各自承担相应的责任。法律另有规定的，依照其规定。"可见，当事人应当承担的民事责任类型主要有：（1）返还财产，不能返还或没有必要返还时折价补偿；（2）赔偿损失。同时，当合同部分无效而并不影响其他部分的效力的，其他部分仍然有效。当合同被确认无效、被撤销或者终止后，合同中独立存在的有关解决争议方法条款的效力不受影响继续有效。[1]

建设工程合同无效的情形主要是指《民法典》第一百五十三条规定的违反法律、行政法规的强制性规定的情形，其中的"法律"仅指全国人大及其常委会制定颁布的"法"，其中的"行政法规"也仅指国务院制定颁布的法规，而不包括国务院各部委制定的行政规章和地方法规、地方规章。司法实践中将这里的"法律"和"行政法规"中的"强制性规定"区分为效力性规范和管理性规范，只有违反效力性规范才能认定合同无效，违反"管理性规范"不能认定合同无效。效力性强制规范和管理性强制规范的区分，主要从立法目的、设置该条款的目的来考察，《最高人民法院关于审理建设工程施工合同纠纷案件适用法律问题的解释（一）》对此进行了归纳和规定。因行政管理的需要，行政主管部门建设工程领域出台了大量的规章、规范性文件，但这些规章和文件不能作为认定合同无效的依据。结合《最高人民法院关于审理建设工程施工合同纠纷案件适用法律问题的解释（一）》第一条的内容，建设工程合同无效主要包括以下几种情形。

（1）承包人未取得建筑业企业资质或者超越资质等级。施工企业的施工能力是保证建设工程质量的前提，《建筑法》对施工企业实行严格的资质强制管理，无资质和超越资质的企业签订的建筑工程施工合同属无效合同。但是，承包人在工程竣工前取得相应资质等

---

[1] 宋宗宇著：《建设工程合同纠纷处理》，同济大学出版社2005年版，第10-20页。

级的，不能作为无效合同处理。

（2）没有资质的实际施工人借用有资质的建筑施工企业名义的，即通常说的"挂靠"。不具有法定资质的民营企业和实际投资人借用具有相应资质企业名义承揽工程的情况普遍存在，曾有意见认为不应将此种情况认定为无效，但前述司法解释否定了这种意见，将此情形作无效规定，但该司法解释没有明确规定哪些情形属"借用资质"而将其的认定交给了法官。实务中一般有以下三种情形：第一，转让、出借企业资质证书的；第二，以其他方式允许他人以本企业名义承揽工程的；第三，项目负责人、技术负责人、项目质量管理人员、安全管理人员等均非承包人本单位人员的。工程承包中存在以上三种情况之一或同时存在的，可以认定为挂靠，签订的施工合同属无效合同。

（3）建设工程必须进行招标而未招标或者中标无效的。《招标投标法》（第三条）及《必须招标的工程项目规定》规定了必须招投标的工程范围，凡属该法定范围内工程未进行招投标的，所签订的施工合同无效。实践中，有些必须招标的项目，其总包土建与安装工程采用了招标方式，但附属工程如装饰工程由建设单位直接发包，该直接发包的合同仍属无效合同；有些必须招标的项目，其总包中标后，总包的建设单位因各种情况将总包工程中的部分工程直接指定给第三方施工，其与第三方签订的施工合同仍属无效。

因中标是发包人与承包人签订施工合同的前提条件，中标无效必然导致施工合同无效。根据《招标投标法》第五十条到五十七条的规定，禁止招标代理机构违反规定，泄露应当保密的与招标投标活动有关的情况和资料的，或者与招标人、投标人串通损害国家利益、社会公共利益或者他人合法权益；禁止依法必须进行招标的项目的招标人向他人透露已获取招标文件的潜在投标人的名称、数量或者可能影响公平竞争的有关招标投标的其他情况，或者泄露标底；禁止投标人相互串通投标或者与招标人串通投标，投标人以向招标人或者评标委员会成员行贿的手段谋取中标；禁止投标人以他人名义投标或者以其他方式弄虚作假，骗取中标；依法必须进行招标的项目，禁止招标人违法与投标人就投标价格、投标方案等实质性内容进行谈判；禁止招标人在评标委员会依法推荐的中标候选人以外确定中标人、依法必须进行招标的项目在所有投标被评标委员会否决后自行确定中标人。在中标过程中有以上行为将导致中标无效。

（4）承包人因转包建设工程与他人签订的建设工程施工合同。《民法典》第七百九十一条、《建筑法》第二十八条都明确规定禁止转包工程项目，《建设工程质量管理条例》第二十五条禁止转包工程，依据该条例，转包指承包单位承包建设工程后，不履行合同约定的责任和义务，将其承包的全部建设工程转给他人或将其承包的全部建设工程肢解以后以分包的名义分别转给其他单位承包的行为。建设部124号令《房屋建筑和市政基础设施工程施工分包管理办法》第十三条有同样的规定。但是，具有劳务作业法定资质的劳务承包人与总承方、分包人签订的劳务分包合同，当事人不能以转包违反法律规定为由请求合同无效①。《最高人民法院关于审理建设工程施工合同纠纷案件适用法律问题的解释（一）》第五条规定："具有劳务作业法定资质的承包人与总承包人、分包人签订的劳务分包合同，当事人请求确认无效的，人民法院依法不予支持。"

---

① 余群舟等著：《建设工程合同管理》，北京大学出版社2016年版，第59-66页。

（5）承包人因违法分包建设工程与他人签订的建设工程施工合同。施工总包单位进行项目分包很常见，但违反规定的分包也可能导致分包合同无效。《建设工程质量管理条例》第七十八条规定了违法分包导致分包合同无效的四种情形：总包单位将工程分包给不具备相应资质的单位或个人的；总包合同中未约定且未经建设单位认可，总包单位将部分工程交其他单位完成的；总包单位将工程主体结构的施工分包的；分包单位进行再分包的。

案例

L公司与X公司建设工程施工合同纠纷案

基本案情

2004年5月6日，L实业有限责任公司（以下简称L公司）与X建筑公司（以下简称X公司）签订了建设工程施工合同。由X公司承建L公司名下的多功能酒店式公寓。为确保工程质量优良，L公司与T监理公司（以下简称T公司）签订了建设工程监理合同。合同签订后，X公司如期开工，但开工仅几天，监理工程师就发现施工现场管理混乱，当即要求其改正；一个多月后，T公司和L公司又发现工程质量存在严重问题，监理工程师当即要求X公司停工。令人不解的是：X公司明明是当地最具实力的建筑企业，所承建的工程多数质量优良，却为何在这项施工中出现上述问题？经过细致调查发现，L公司虽然是与X公司签订的建设工程合同，但实际施工人是当地一支无资质的临时施工队（以下简称施工队），施工队为承揽建筑工程而挂靠于有资质的X公司。为了规避相关法律、法规关于禁止挂靠的规定，该施工队与X公司签订了所谓的联营协议。协议约定，施工队可以借用X公司的营业执照和公章，以X公司的名义对外签订建设工程合同；合同签订后，由施工队负责施工，X公司对工程不进行任何管理，不承担任何责任，只提取工程价款5%的管理费。L公司签施工合同时，见对方（实际是施工队的负责人）持有X公司的营业执照和公章，便深信不疑，因而导致了上述结果。L公司认为X公司的行为严重违反了诚实信用原则和相关法律规定，双方所签订的建设工程合同应为无效，要求终止履行合同。但X公司则认为虽然是施工队实际施工，但合同是L公司与X公司签订的，是双方真实意思的表示，合法有效，双方均应继续履行合同，其将加强对施工队的管理。双方未能达成一致，L公司遂诉至法院。

裁判要旨

法院经审理查明后认为，被告X公司与没有资质的某临时施工队假联营真挂靠，并出借营业执照、公章给施工队与原告签订合同的行为违反了我国《建筑法》《合同法》等相关法律规定，原告L公司与被告X公司签订的建设工程合同应当认定无效。

案件评析

行为人具有相应的民事行为能力，意思表示真实，不违反法律和社会公共利益是合同生效的一般要件，同样也是建设工程施工合同生效的基本标准。认定本案建设工程施工合同无效的法律依据有：《民法典》第一百五十三条"违反法律、行政法规的强制性规定的"，合同无效；《建筑法》第二十六条第二款"禁止建筑施工企业超越本企业资质等级许可的业务范围或者以任何形式用其他建筑施工企业的名义承揽工程。禁止建筑施工企业以任何形式允许其他单位或者个人使用本企业的资质证书、营业执照，以本企业的名义承揽工程"；《最高人民法院关于审理建设工程施工合同纠纷案件适用法律问题的解释（一）》第一条第（一）（二）项"承包人未取得建筑施工企业资质或者超越资质等级的；没有资质的实际施工人借用有资质的建筑施工企业名义的"，建设工程施工合同无效。

案例

建筑工程所涉施工合同均无效时怎样结算工程价款？

📁 基本案情

2013年3月1日，S公司与Q公司签订《工程保证金使用约定》，约定S公司提供工程保证金3 000万元，用于Q公司投资北京八达岭景区项目的施工认证银行验资。验资后，该款项在本项目工程的施工中支出使用。2013年4月19日，Q公司与S公司经招投标签订《建设工程施工合同》，约定Q公司将八达岭景区西部停车场综合服务设施工程发包给S公司施工，合同价款为79 150 668元。2013年6月6日，双方签订《工程总承包补充协议》，约定S公司承包范围为八达岭景区西部停车场所有红线图内与项目有关的工程，承包总造价为1.85亿元。上述两份合同约定的工程承包范围一致，但工程价款存在105 849 332元的差价，故双方于2013年7月30日签订《建设工程补充施工合同》，约定八达岭景区西部停车场新增加工程的合同价款为105 849 332元，并以上述约定为由向北京市延庆县建设委员会申请不经招投标直接签订合同备案，该委员会予以批准，并将合同备案。为履行施工合同，双方当事人先后于2013年9月14日、2014年3月28日签订《工程总承包补充协议（二）》《工程总承包补充协议（三）》，确认工程总承包价为1.85亿元，并约定了S公司提前竣工奖金数额及按时完工赶工费用数额。该项目于2014年6月27日通过竣工验收合格，并交付Q公司接收管理。双方当事人未进行最后结算。S公司认为应当以合同约定的1.85亿元作为结算标准，Q公司认为应当按照备案的《建筑工程施工合同》约定的79 150 668元进行结算。

📁 裁判要旨

北京市高级人民法院经审理认为，S公司、Q公司经工程招投标签订的《建筑工程施工合同》符合法律规定，依法有效。案涉《建筑工程补充施工合同》的形式虽有欠缺，但建设主管部门为该合同作了登记备案，合同内容体现了双方当事人真实意思，并由双方实际履行，可作为结算工程款的参考依据。S公司、Q公司先后签订的《工程总承包补充协议（二）》《工程总承包补充协议（三）》，系就施工相关事项另行达成，未对原备案合同实质性条款进行变更，依法有效。案涉《工程总承包补充协议》未经招投标，违反法律禁止性规定无效，不作为定案依据。法院依合同作出的工程造价与工程实际造价存在一定差额，考虑备案合同法律地位优于其他合同，依建设工程款结算的行业惯例，若据实结算对施工方不够公平，故综合本案事实以及双方当事人在签订合同过程中的过错，酌情确定工程结算数额为 170 820 474.56 元。扣除 Q 公司已付工程款 76 100 000 元，判决 Q 公司支付尚欠 S 公司工程款 94 720 474.56 元。S 公司、Q 公司不服，均提起上诉。

最高人民法院经审理认为，S 公司与 Q 公司签订的《工程保证金使用约定》内容表明，在涉案工程招标投标前，双方已就涉案工程承发包达成合意。双方在招投标过程中，将上述合意表现为《建设工程施工合同》约定内容。上述施工合同约定工程价款为 79 150 668 元，但随后双方另行签订《建设工程施工补充协议》，将合同价款约定为 1.85 亿元，并通过签订《工程总承包补充协议（二）》及《工程总承包补充协议（三）》，对《工程总承包补充协议》进行补充约定并予以实际履行。双方当事人又基于《建设工程施工合同》与《工程总承包补充协议》约定工程价款存在 105 849 332 元差价，签订《建设工程补充施工合同》，并以虚假理由向相关行政主管部门申请对该合同不进行招投标直接发包。从双方当事人缔约过程可以认定，双方通过"明招暗定"方式规避招投标，并采用分割整体项目造价，采用虚假理由就部分工程造价申请直接发包方式实现规避招投标，并使背离中标合同约定的《工程总承包补充协议》约定价款符合法律规定形式，以实现双方缔约目的。上述双方当事人行为及合同约定违反了《招标投标法》第四条、第四十三条、第五十五条的规定，导致中标无效。依照《最高人民法院关于审理建设工程施工合同纠纷案件适用法律问题的解释》[①]第一条有关具有中标无效情形的施工合同无效的规定，案涉合同均应认定无效。该解释第二条规定："建设工程施工合同无效，但建设工程经竣工验收合格，承包人请求参照合同约定支付工程价款的，应予支持。"本案所涉合同约定承包范围内固定造价。案涉建设工程已经竣工验收并交付使用，S 公司主张参照合同约定支付工程价款，于法有据，应予支持。《建设工程施工合同》约定的工程价款并非双方当事人的真实合意，亦与工程实际造价差距巨大，无法作为结算双方工程价款的参照标准。双方实际履行的《工程总承包补充协议》约定的工程价款数额，更符合本案的实际情况及诚实信用原则。S 公司主张按照 1.85 亿元结算工程价款，理据充分，予以支持。本案经最高人民法院审判委员会决定，改判 Q 公司支付 S 公司尚欠工程款 108 900 000 元。

> 📁 **案件评析**

本案中，双方当事人针对同一建设工程所签订的数份施工合同均被认定为无效，且数份合同有关工程价款结算的约定不同，能否适用《最高人民法院关于审理建设工程施工合同纠纷案件适用法律问题的解释》第二条的规定？如适用，应参照哪份合同的约定结算工程价款？

本案确定参照《工程总承包补充协议》的约定结算工程价款，主要基于以下两方面考虑：（1）从上述解释条款规定原旨分析。该条规定本意是对合同无效情形下，取得承包人所承建工程的发包人，参照合同有关工程价款的约定对承包人进行折价补偿（给付工程款）。确定这一标准的原因在于：合同有关工程价款的约定是双方当事人的真实合意，与

[①] 随着《民法典》的颁布，2021 年开始施行《最高人民法院关于审理建设工程施工合同纠纷案件适用法律问题的解释（一）》，《最高人民法院关于审理建设工程施工合同纠纷案件适用法律问题的解释》与《最高人民法院关于审理建设工程施工合同纠纷案件适用法律问题的解释（二）》已失效。

缔约时的市场行情相符，按照这一标准结算工程价款，利于当事人接受；符合诉讼经济原则，可避免采用鉴定等方式结算工程价款，增加当事人诉讼成本，延长案件审理期间，增加当事人负担。从上述司法解释规定的原旨分析，当事人就同一建设工程分别签订的多份合同均被认定为无效情形下，如不存在工程设计发生重大变更等事由，导致无法参照合同约定结算工程价款情形，应适用上述司法解释规定。（2）确定参照合同的条件，要以该合同是否为当事人达成的真实合意为判断标准，该合意可以通过缔约双方在合同中体现的真实意思表示，并结合双方对合同的履行事实予以判断。本案查明事实表明，双方当事人对工程价款的真实合意是《工程总承包补充协议》中约定的1.85亿元，双方通过签订《工程总承包补充协议（二）》《工程总承包补充协议（三）》，实际履行了《工程总承包补充协议》，故可以参照该协议结算工程价款。

《最高人民法院关于审理建设工程施工合同纠纷案件适用法律问题的解释（二）》第十一条规定："当事人就同一建设工程订立的数份建设工程施工合同均无效，但建设工程质量合格，一方当事人请求参照实际履行的合同结算建设工程价款的，人民法院应予支持。实际履行的合同难以确定，当事人请求参照最后签订的合同结算建设工程价款的，人民法院应予支持。"《最高人民法院关于审理建设工程施工合同纠纷案件适用法律问题的解释（一）》第二十四条将以上条款中的"请求参照实际履行的合同结算建设工程价款的"与"请求参照最后签订的合同结算建设工程价款的"分别修改为"请求参照实际履行的合同关于工程价款的约定折价补偿承包人的"与"请求参照最后签订的合同关于工程价款的约定折价补偿承包人的"，这种修改一方面明确了在合同无效但建设工程质量合格的条件下，所支付对价的性质在法律上属于"折价补偿"，另一方面将可当然参照的条款限定在关于工程价款约定的范围。

思考题

1. 建设工程合同有效的要件有哪些？
2. 在建设工程领域，应备案而未备案的"黑合同"效力如何判定？
3. 哪些情形会导致建设工程合同可变更或可撤销？

第三节 建设工程合同的履行制度

合同的履行，主要是指当事人执行合同约定义务的行为，当合同义务执行完毕时，合同即履行完毕。

一、建设工程合同履行的原则

依据《民法典》，建设工程合同应按如下原则履行。

1. 适当履行原则

适当履行原则又称正确履行原则或全面履行原则，即当事人应按照合同规定的标的、质量、数量，由适当的主体在适当的履行期限、履行地点，以适当的履行方式，全面完成合同义务。适当履行不同于实际履行，后者主要强调债务人按照合同约定交付标的物或提供劳务。

合同应按确定的价款或报酬履行。合同约定的价款或报酬不明确时，按订立合同时履行地的市场价格履行；依法应执行政府定价或政府指导价的，在合同约定的交付期限内政府价格调整的，按交付时的价格计价；逾期交付标的物的，遇价格上涨时按原价格执行，价格下降的，按新价格执行；逾期提取标的物的，遇价格上涨时按新价格执行，价格下降的，按原价格执行。

合同履行主体以亲自履行为原则，但允许第三人履行。合同约定向第三人履行，债务人未向第三人履行债务或履行债务不符合约定，应向债权人承担违约责任；合同约定由第三人代为履行，第三人不履行债务或履行债务不符合约定，债务人应向债权人承担违约责任。此外，因债权人分立、合并或变更住所没有通知债务人，致使履行债务发生困难的，债务人可中止履行或将标的物提存。

合同应按约定的期限履行。履行期限不明确时，债务人可以随时履行，债权人也可随时要求履行，但应给对方必要的准备时间。债权人可拒绝债务人提前履行债务，但提前履行不损害债权人利益的除外，提前履行债务给债权人增加的费用，由债务人承担。

合同应按约定的履行地点履行。履行地点不明时，给付货币的，在接受货币一方所在地履行；交付不动产的，在不动产所在地履行；其他标的，在履行义务一方所在地履行。

合同应按约定的方式履行。履行方式不明确时，按有利于实现合同目的的方式履行。合同履行费用的负担不明确时，由履行义务一方承担。

合同当事人在履行合同主义务的同时，应注重合同履行过程中的附随义务，包括及时通知义务、提供必要条件和说明的义务、协助义务及保密义务。

2. 协作履行原则

协作履行原则即当事人不仅要适当履行自己的义务，而且应基于诚实信用原则协助对方当事人履行其义务。在合同履行中，只有债务人的给付行为，而没有债权人的受领给付，合同内容仍难以实现，尤其是建设工程承包合同、技术开发合同等，债务人实施给付行为需要债权人的配合。该原则要求债务人履行合同债务时，债权人应当适当受领给付，应提供方便，创造条件；因故不能履行或不能完全履行时，双方都有义务采取措施避免或减少损失。

3. 经济合理原则

经济合理原则即当事人在履行合同时应追求经济效益，以最小的成本取得最大合同利益。其要求债务人要选择最经济合理的方式运输；应选择最体现经济合理原则的履行期；履行合同债务应体现经济合理；选用设备应体现经济合理；变更合同应体现经济合理；对违约应选择经济合理的补救方式。

4. 情势变更原则

情势变更原则即合同依法成立后，因不可归责于双方当事人的原因，发生了不可预见的情势变更，致使合同的基础丧失或动摇，若继续维持合同原有效力则显失公平，而允许变更或解除合同的原则。情势变更原则与显失公平、不可抗力及危险负担规则有一定联系，但存在显著区别。

情势变更原则属于"合同应当严守原则"的例外原则，其适用受到严格的法定条件的限制，依据法律的规定。要适用情势变更原则必须同时具备五个条件：须有情势变更的事实；情势变更须发生在合同成立之后，合同履行完毕之前；须情势变更的发生不可归责于当事人；情势变更须为当事人不可预见；须情势变更使履行合同显失公平。

英美法系和大陆法系对情势变更的效力规定不同。英美法规定，合同订立后，发生情势变更导致合同目的受挫，法律应确定当事人之间所约定的条件不成就，从而使当事人的债务被免除。大陆法中如德国法认为情势变更导致合同变更或解除。我国的情势变更原则旨在在消除合同履行中出现的显失公平，从而使合同或在公平基础得以履行，或依诚实信用原则而被解除。从效力上看，情势变更原则体现为变更或解除合同，变更合同是使合同在公平基础上得到履行，解除合同是彻底地消除显失公平的现象。根据情势变更原则变更或解除合同不存在违约行为，不承担违约责任，但因一方解除合同致另一方损害的，则应给予赔偿。

在建设工程施工合同中，情势变更往往会导致合同的变更或撤销，因此，情势变更原则的适用成为判断合同的变更问题的重要依据。最高人民法院虽以司法解释明确了情势变更原则，但由于建设市场和建筑工程施工合同的特殊性，情势变更原则在建筑工程合同中的适用面临特殊问题，必须严格按照情势变更原则的适用条件并区别不同建设合同类型进行适用。例如，约定可调价格的建筑工程合同（即双方在合同专用条款内约定合同价款所包含的风险范围和风险费用的计算方法，在约定的风险范围内合同价款不再调整，风险范围以外的合同价款调整方法，应当在专用条款内约定）时能否适用情势变更原则？由于情势变更原则是法定的原则，是对合同自由的修正，其目的在于实现合同正义，因此合同约定不可以排除其适用。因此，情势变更原则不仅适用于固定价格合同，也适用于可调价格合同。

案例

怎样确定建设工程设计合同的履行地？

📁 基本案情

2008年2月，原告赣州市某建筑设计院（以以下简称"设计院"）与被告云南省某水电公司（以以下简称"水电公司"）就某水利水电工程签订了一份建设工程设计合同，水电公司委托设计院对某水利水电工程进行设计，设计费为130 000元。后由于水电公司拖欠设计费，设计院多次催讨无果，便于2009年2月以其经营地为合同履行地向赣州市某区人民法院（以以下简称"区法院"）提起诉讼。被告水电公司在答辩期内提出管辖异议，认为合同履行地和被告住所地均在云南省某县，案件应由被告住所地云南省某县法院管辖。

📁 裁判要旨

区法院经审理认为：原告设计院与被告水电公司签订的建设工程设计合同中未明确约定合同的履行地，对管辖亦未进行书面约定；虽然设计项目的建设地点在被告辖区，但因建筑工程设计合同在原告经营地履行，原告经营地位于区法院辖区。根据有关法律规定，属于区法院受理案件的范围，遂驳回被告水电公司提出的管辖异议。

📁 案件评析

应该怎样确定建设工程设计合同的履行地？我国《民事诉讼法》第二十四条规定，因合同纠纷提起的诉讼，由被告住所地或者合同履行地人民法院管辖。所谓"合同履行地"，通常是指"合同规定履行义务的地点"，也即义务清偿地点。此外，《民法典》对"合同履行地"的概念也有较为明确的规定。在司法实践中，最高人民法院就具体个案也发布了不少有关合同履行地的批复、通知、复函等，从这些有关的批复、通知、复函中可知，司法实践中一直采用特征履行地的规则来确定管辖。该规则以当事人履行合同特征义务的地点来确定合同履行地，是目前占主导地位的评判方式。在合同约定的众多义务中，必有一个能反映该合同之本质特征的义务，在双务合同中，非给付金钱义务最能反映该合同的特征，是区别此合同与彼合同的标志特征，故应以该特征为依据确定合同履行地。如买卖合同中，一般认为其特征义务应是标的物的交付，即所有权的转移，因此以该特征义务履行地作为该合同的履行地。尽管从法律到司法解释，就"合同履行地"的规定都是较为明确的，但关于如何确定建设工程设计合同履行地的问题至今尚无针对性的明文规定，而特征履行地规则为判断建设工程设计合同的履行地提供了依据。

首先，建设工程设计合同属于加工承揽合同的范畴。根据1989年8月8日公布的《最高人民法院关于如何确定加工承揽合同履行地问题的函》（[1989]法经[函]字第22号）、1989年11月23日公布的《最高人民法院经济审判庭关于如何确定加工承揽合同履行地问题的电话答复》的规定，加工承揽合同以加工承揽人所在地为合同履行地，因此，建设工程设计合同应当以承揽人（即设计单位）所在地为合同履行地。其次，加工承揽合同以加工地为合同履行地，但合同中对履行地另有约定的除外。建设工程设计合同的"加工行为"为出图、晒图行为，该行为履行地应为特征履行地。众所周知，出图、晒图需要的人力、物力均离不开设计单位的经营场所，因此其特征履行地为设计单位所在地。最后，《民法典》第五百一十一条第（三）项明确规定："履行地点不明确，给付货币的，在接受货币一方所在地履行；交付不动产的，在不动产所在地履行；其他标的，在履行义务一方所在地履行。"建设工程设计合同纠纷，义务人交付的既不是货币，也不是不动产，而是建设工程设计图纸，属于《民法典》第五百一十一条第（三）项规定的"其他标的"。因此，建设工程设计合同的履行地是负有交付建设工程设计图纸义务的一方所在地，即设计单位所在地。

可见本案区法院在本案建设工程设计合同中没有约定合同的履行地的情况下，采用特征履行地规则确定合同履行地为设计单位所在地符合法律的规定。

二、建设工程合同履行中的抗辩权

建设工程合同系双务合同，双方当事人在履行合同中享有《民法典》规定的抗辩权，即在符合法律规定的条件下，合同当事人一方对抗对方当事人的履行请求权，暂时拒绝履行其债务的权利。双务合同履行中的抗辩权为一时的抗辩权、延缓的抗辩权，在产生抗辩权的原因消失后，债务人仍应当履行债务。这种权利对于抗辩人而言是一种保护手段，目的是免去自己履行义务可能带来的风险。形成这种抗辩权的基础是双务合同当事人之间在合同义务方面的牵连性，与违约有本质上的不同。[①]根据《民法典》，建设工程合同的双方当事人在履行合同中享有同时履行抗辩权、先履行抗辩权和不安抗辩权。

（一）同时履行抗辩权

同时履行抗辩权是建设工程合同的当事人应同时履行义务的，一方在对方未履行前，有拒绝对方请求自己履行合同的权利。其成立条件有四个：（1）双方之债务基于同一双务合同而发生。（2）须双方互负的债务均已届清偿期。（3）同时履行抗辩权的行使须相对人有不履行或履行不符合约定的行为。（4）同时履行抗辩权的行使应以合同具备能履行的客观条件为准。

建设工程合同因双方义务密切的牵连性和顺序性，义务的履行通常要分先后顺序，不分先后顺序履行的情形较少，建设工程合同主体使用同时履行抗辩权的情形较少。

（二）先履行抗辩权

先履行抗辩权是指建设工程合同中应先履行义务的一方当事人未履行时，对方当事人有拒绝其履行请求的权利。其成立要件是：（1）双方当事人互负债务；（2）两个债务之间有先后履行顺序，至于该顺序是当事人约定的还是法律直接规定的，在所不问；（3）先履行一方未履行或其履行不符合法律规定和合同的约定，先履行一方未履行既包括先履行一方在履行期限届满前未予履行的状态，又包含先履行一方于履行期限届满时尚未履行的状态。

在先履行抗辩权的行使问题上，在先履行一方未构成违约时，先履行一方未请求后履行一方履行的，先履行抗辩权的行使不需要明示，先履行一方请求后履行一方履行的，后履行方拒绝履行需要明示。在先履行一方已构成违约并请求后履行一方履行时，先履行抗辩权的行使需要明示。先履行抗辩权的成立并行使，产生后履行一方可一时中止履行自己债务的效力，后履行一方在先履行方未履行前可以拒绝对方的履行请求，以此保护自己的期限利益、顺序利益。

先履行抗辩权是建设工程合同主体常使用的抗辩权。例如，在建设施工合同中，约定发包人根据工程施工的进度向承包人分期支付工程预付款，若发包人到期后未付款，承包人因此可行使先履行抗辩权而停工，要求对方履行相应付款义务后，再恢复施工；在约定在承包人完成隐蔽工程并检验合格后由发包人向承包人支付工程款的情况下，承包人完成

[①] 何红锋等著：《建设工程合同签订与风险控制》，人民法院出版社 2007 年版，第 31 页。

的隐蔽工程经检验不合格，发包人因此可行使先履行抗辩权要求承包人返工并接受对隐蔽工程的检验，待检验合格后再支付相应的工程款。

（三）不安抗辩权

不安抗辩权是建设工程合同中应先履行义务的一方当事人，有证据证明对方当事人不能或可能不能履行义务时，在对方当事人未履行合同或提供担保之前，可以暂时中止履行合同的权利。其成立条件是：（1）双方当事人互负债务。（2）后给付义务人的履行能力明显降低，有不能给付的危险。（3）后给付义务人未提供适当担保。如果后给付义务人提供适当担保，不得行使不安抗辩权。

其中，中止履行是指双务合同中负有先履行义务的一方，在合同尚未履行或没有完全履行时，因法定事由暂时停止履行自己承担的合同义务。《民法典》第五百二十七条规定，应当先履行债务的当事人，有确切证据证明对方有下列情形之一的可以中止履行：（1）经营状况严重恶化；（2）转移财产、抽逃资金，以逃避债务；（3）丧失商业信誉；（4）有丧失或者可能丧失履行债务能力的其他情形。

中止履行的一方应及时通知对方。对方提供适当担保时，应当恢复履行；对方在合理期限内未恢复履行能力并且未提供适当担保的，中止履行的一方可以解除合同。

因建设工程投资大，在合同履行过程中一方当事人出现履约能力不足的情形时有出现，其当事人因此需行使不安抗辩权。例如，在建设施工合同中，约定发包人根据工程施工的进度向承包人分期支付工程预付款，若发包人的付款期限到期后，发现承包人经营状况严重恶化，有证据证明其可能不履行或不能履行后续的施工义务时，发包人可行使不安抗辩权暂停付款并及时通知对方，要求对方提供担保，若对方提供了适当担保，发包方应按约定恢复履行付款义务；若承包人在合理期限内未恢复履行能力并且未提供适当担保，发包人可解除合同。

> **案例**
>
> 建筑工程承包人怎样行使履行抗辩权对抗工期逾期责任？
>
> **■ 基本案情**
>
> 2013年11月5日，四川省A建筑工程有限公司（以下简称"A公司"）与云南B房地产开发有限公司（以下简称"B公司"）签订《建设工程施工合同》（以下简称"施工合同"），约定由A公司承建B公司开发的某项目，合同暂定金额为1.5亿元，合同工期为总日历天480天，工程进度款按工程进度分阶段支付，基础工程支付时间为1#楼、4#楼完成至±0.00及2#楼完成至±0.00，3#楼完成至主体10层封顶后15日，付至已完成量的80%，其余按月进度单幢6层封顶15天内支付当期已完工程的80%付款，砌体分项工程、装饰工程、安装工程按月进度的80%支付，产值不足400万元并入下月按2个月累计完成工程量的80%支付。工程竣工验收合格后30个工作日付至合同总价的85%，资料交齐、结算价款经发包方审查后60个工作日内支付结算价款的95%，预留5%的工程维修金。合同签订后，A公司于2014年3月25日进场施工，过程中多次报送进度款，但B公司均未

按照合同约定审定工程量及按期足额支付，截至 2015 年 2 月 18 日，B 公司欠付进度款 5 343 122.05 元，A 公司在多次催收工程款无果的情况下被迫停工。2015 年 9 月 28 日，A 公司诉至法院，要求 B 公司支付工程欠款 37 459 126.75 元，并自应付而未付之日起按商业银行同期贷款利率向 A 公司支付欠付工程款的利息，暂计算至 2015 年 9 月 28 日为 561 979.6 元。B 公司提起反诉，要求 A 公司赔偿 B 公司工期延误损失 10 206 328.96 元。

一审中，对于 B 公司提起的反诉，A 公司辩称是因 B 公司未按时足额支付工程进度款造成，并提交进度报审表、收款明细表及催款函等证据，证明 B 公司延期支付工程款影响工期。针对反诉部分，一审法院认为：按照双方签订的合同，A 公司应于 2015 年 7 月 4 日竣工，B 公司多次未按约审定工程量，未按约定时间节点足额支付工程进度款，A 公司于工程竣工日前离场，由此所致工期延误责任应由 B 公司承担，B 公司不服提起上诉。

📁 裁判要旨

二审法院认为，本案所涉合同为双务合同，A 公司的主要义务是按约施工，B 公司的主要义务是按期支付工程款，并应为 A 公司提供必要的施工条件。双方的上述义务之间具有牵连性，如 B 公司不及时履行其义务，势必影响 A 公司施工义务的履行。根据《民法典》第五百二十六条的规定："当事人互付债务，有先后履行顺序，应当先履行债务一方未履行的，后履行一方有权拒绝其履行请求。先履行一方履行债务不符合约定的，后履行一方有权拒绝其相应的履行请求。"A 公司在合同履行中可行使先履行抗辩权，其因 B 公司的违约行为造成的逾期完工，属于 B 公司责任，故 B 公司要求 A 公司承担工期违约的请求不能成立。

📁 案件评析

本案的焦点是承包人 A 公司是否需要承担工期违约责任。首先，A 公司行使了先履行抗辩权。《民法典》第五百二十六条规定了先履行抗辩权，就本案而言，B 公司有义务为 A 公司提供必要的施工条件，这是 B 公司的在先义务，即 B 公司应向 A 公司支付工程进度款，便于 A 公司组织人工、材料、机械等用于施工，如果 B 公司没有履行上述义务，A 公司事实上不可能施工。因此，如发包人没有尽到上述在先义务，承包人可依据《民法典》的规定行使先履行抗辩权，拒绝施工，且无须承担相应的工期违约责任。其次，根据《民法典》第八百零三条的规定："发包人未按照约定的时间和要求提供原材料、设备、场地、资金、技术资料的，承包人可以顺延工程日期，并有权要求赔偿停工、窝工等损失。"就本案而言，发包人未按合同约定给承包人提供原材料及工程进度款，承包人可以根据该条规定主张工期顺延。综上，本案承包人无须承担工期违约责任。

案例

建设工程补充合同中对"不支付工程价款"的约定效力如何？

📁 基本案情

原告为某住宅工程承包商，被告为发包方（某房地产公司）。2021 年 10 月，原告经公开招投标获得被告某住宅工程的施工承包资格后，与被告签订了《建设工程施工合同》。合同约定了工程预付款的金额及其支付期限和方式，并到当地有关行政管理部门办理了备案手续。同日，双方又签订了一份补充合同，约定"本工程不付工程预付款"，形成了两个意思表达完全不同的约定，导致工程交付使用后，双方因工程结算内容是否应计入贷款利息费用等问题发生争议，并诉至法院。原告认为：因原招标文件明确表示本工程有工程预付款，而且经备案的施工合同中也有工程预付款方面的约定，所以是不需要约定工程预付款的贷款利息费用计取方法的；但双方既然后来又以补充合同的形式取消了工程预付款，那么就应该按照工程所在地的相关定额规定计取贷款利息，作为对原告的费用补偿。被告则主张：招投标文件中均未涉及贷款利息的内容，因而不能在工程结算中计入贷款利息。

📁 裁判要旨

一审法院撇开双方的结算争议，认定补充合同中有关不支付工程预付款的约定因违反《招标投标法》的有关规定而无效，并据以判决被告向原告支付以原合同中约定的工程预付款金额计算的银行同期存款利息。其判决理由是该部分款项为原告垫资施工的金额。法院将补充合同中"不支付工程预付款"条款认定为无效非常准确，但法院将被告应支付的工程预付款作为原告的垫资款，判令被告按银行同期存款利息对原告予以补偿的判决则值得商榷。

根据《最高人民法院关于审理建设工程施工合同纠纷案件适用法律问题的解释（一）》第二十五条第二款的规定："当事人对垫资没有约定的，按照工程欠款处理。"第二十六条规定："当事人对欠付工程价款利息计付标准有约定的，按照约定处理。没有约定的，按照同期同类贷款利率或者同期贷款市场报价利率计息。"第二十三条中还规定，"发包人将依法不属于必须招标的建设工程进行招标后，与承包人另行订立的建设工程施工合同背离中标合同的实质性内容，当事人请求以中标合同作为结算建设工程价款依据的，人民法院应予支持"。本案中的补充合同有关不付工程预付款的内容，系对招投标文件的实质性的违背，显属无效；而中标且经备案的合同中关于工程预付款的规定不管从形式还是内容上看均合法合理，应当成为确定承发包双方权利义务的依据。因此，实际施工中发包方未支付工程预付款的行为已经构成违约，应承担逾期付款的违约责任。其支付违约金的标准应根据合同约定，在合同没有约定的情况，则应按照同期同类贷款利率或者同期贷款市场报价利率，计算发包人应支付的违约金。

思考题

1. 合同适当履行应当遵循哪些原则？
2. 先履行抗辩权成立的要件有哪些？

第四节 建设工程合同的变更与终止

合同的变更指合同没有履行或没有完全履行之前，因订立合同所依据的主客观情况发生变化，由当事人依照法律规定的条件和程序，对原合同的部分条款进行修改或补充。广义合同变更包括合同主体和内容的变更，狭义的合同变更仅指合同内容的变更。合同主体的变更指合同债权或债务的转让，即由新的债权人或债务人替代原债权人或债务人，而合同内容并无变化；合同内容的变更仅指合同当事人权利义务的变化。《民法典》严格区分了合同的转让和变更，作为合同主体的当事人的变更，即合同的转让[①]；《民法典》第三编第六章规定的合同的变更为狭义的合同变更。在工程实务中虽然存在有业主将工程项目转让给第三人或因为企业分立或合并所引起合同主体变化的情况，但合同主体变化会涉及变化后的主体，尤其是承包商是否有能力继续施作完成工程，因此在工程承包合同中一般会有工程不得转让或转包的规定，或规定应先经业主同意[②]。

合同终止指合同当事人双方在合同关系建立以后，因一定法律事实的出现，使合同确立的权利义务关系归于消灭。

一、建设工程合同的变更

建设工程合同的变更按《民法典》的规定仅指建设工程合同内容的变更。

建筑工程是在不断变动的自然环境和商业环境下建设的，因为各种原因导致相关情事的改变十分常见。工程变更指会造成合同范围、工期、费用和工程质量标准改变之相关情事[③]，一般包括五种类型，即合同范围变化、异常的地质情况、工期迟延、暂停施工和加速施工等情事[④]。由于工程和环境的不确定性，常常出现工程变更和影响交易基础之情事，需要变更合同内容，因此工程承包合同中一般包含变更条款。当合同订立后出现不可预见的情事时，业主可以发出变更指令变更合同，以适应环境的变化，而承包人则可据以提出工期展延及调整合同价款的请求。

1. 建设工程合同变更的条件

（1）已存在有效的合同关系。合同变更是在原合同的基础上通过当事人双方的协商或者法律的规定改变原合同关系的内容，无原合同关系就无变更的对象。同时，原合同关系若非合法有效，如合同无效、合同被撤销或者追认权人拒绝追认效力未定的合同，合同便

[①] 王利明著：《合同法研究(第二卷)》，中国人民大学出版社2003年版，191页。
[②] 李家庆著：《工程法律与索赔实务》，台湾仲裁协会2006年版，第28页。
[③] 徐伟、黄喆、沈杰：《工程承包合同变更的限制》，载《东南大学学报》（哲学社会科学版），2012年第14期。

自始失去法律约束力，即不存在合同关系，也就谈不上合同变更。

（2）合同变更须依当事人双方的约定，或者依法律的规定。合同的变更主要是当事人双方协商一致的结果。依据《民法典》，在协商变更合同的情况下，变更合同的协议必须符合民事法律行为的有效要件，任何一方不得采取欺诈、胁迫的方式来欺骗或强制他方当事人变更合同。如果变更合同的协议不能成立或不能生效，则当事人仍然应按原合同的内容履行。若当事人就是否及怎样变更合同不能协商一致，则需请求法院或仲裁机构进行裁决，在变更合同的请求未获生效法律文书支持之前，双方当事人的权利义务以原合同为准。

2. 建设工程合同变更的原因

在建设工程的履行过程中，因建设工程的复杂庞大，当初签订的合同会因很多自然的、社会的原因而发生改变。例如，导致建设工程施工合同变更的主要法律事实包括：（1）施工过程中，因某些特殊原因如地质环境复杂等需要调整施工内容，导致施工内容与合同中约定的施工内容不一致而需对原合同进行修改。（2）因为勘察、设计错误等人为原因，需要重新调整施工内容，也引起对原建设合同的更改。（3）因为情势变更因素，需要调整合同。情势变更因素主要包括自然的、社会的因素。自然因素如地理环境的改变不适合原来的施工、地理环境保护的需要等；社会因素如原材料价格增长使得承包商提出要变更价格。

3. 建设工程合同变更的程序

建设工程合同变更的程序以协商变更为主，若双方就合同变更不能达成一致，则要求变更的当事人需提起诉讼或仲裁，通过法院或仲裁机构裁决后才能确定是否变更及如何变更。通常情况下，建设施工合同发生需变更的情形时，业主和承包商会通过协商解决。承包商在具体施建的过程中，发现建设工程内容确实需要调整的，应先通知发包商，发包商再与业主进行沟通。

案例

怎样确认工程的变更量及变更工程的价款？

基本案情

2016年1月，被告某地出入境检验检疫局（以下简称"被告"）以工程量清单计价方式，经过公开招标投标与原告某建筑工程公司（以下简称"原告"）签订了《某商检大厦建设工程施工合同》。合同约定：承包范围为商检大厦及裙房，建筑面积为31 200平方米，工程造价暂估3 818万元，开竣工时间为2016年1月10日和12月31日。在合同履行过程中，由于被告对建筑工程不熟悉，前期策划不够充分，导致施工过程中工程变更比较多。同时，由于被告现场管理人员力量薄弱、管理能力有限等原因，被告的工程变更通知并非都以书面形式发出，对原告提出的变更工程价款的要求，也并非都明确答复。

2017年1月30日，工程通过了竣工验收，原告在规定的时间内向被告提交了竣工结算报告，双方对原设计图纸部分计价无争议，但对原告提出高达350万元的工程变更部分的工程价款，被告只认可100万左右。其一部分工程变更没有签证，所以不予确认；一部分工程变更虽有签证，但价格没有确定，应按原告工程量清单中相似的价格确定。而原告

认为：只要被告要求或同意自己施工的，均应计价；对只确定工程变更而未确认计价标准的工程签证，其计价应按当地定额计价。为此，原告只好向法院提起诉讼，要求被告支付由于工程变更所增加的工程款350万元。

📁 **案件评析**

本案的争议焦点在工程变更量的确认和变更工程价款的计价问题，即：（1）如果没有签证来证明工程发生变更，但有其他证据证明发包人要求承包人施工的，该部分工程变更是否可确认以及如何确认？（2）若可以确认并以其他证据来确定其工程量，那么其计价如何确定？（3）如果工程签证只有工程变更的工程量的确认而没有具体计价的确定，法律如何规定这种情形下的计价原则？

建设工程施工承包合同签订是基于一定的承包范围、一定的设计标准、一定的施工条件等静态前提进行的，并以此来规定双方的权利和义务。但是由于建设工程项目具有不确定性等特点，在施工承包合同履行过程中，由于工程变更，这种静态前提往往会被打破。工程变更形式一般包括：设计变更、进度计划变更、施工条件变更、增减工程项目的变更。签订合同时约定的计价标准或者计价方式是对应静态前提条件的，而动态变化引起的工程造价的增减则以追加合同价款调整来体现的，二者存在以下等式关系：工程竣工结算价款＝工程合同价款±工程追加（或减少）合同价款。虽然有以上等式，但是工程合同价款的计价方式与工程追加合同价款的计价方式并非一定相同。加上工程追加合同款的约定往往明确程度不够，与本案类似的工程造价纠纷就会出现，对该类纠纷要区分情况按不同的方案解决。

（1）工程签证对变更的事实和变更的计价标准予以明确约定的，按约定计价。根据《最高人民法院关于审理建设工程施工合同纠纷案件适用法律问题的解释（一）》第十九条第一款规定："当事人对建设工程的计价标准或者计价方法有约定的，按照约定结算工程价款。"因此，对变更部分的计价标准的确定可以与合同约定的计价标准一致，也可以不一致，例如，本案中的工程变更签证中的计价可以与合同中的工程量清单计价一致，也可以按当地建设行政主管部门发布的计价方法或计价标准结算。只要达成双方合意，均是合法有效的。这类工程签证一般是最有利于维护承包人利益的，也是在工程竣工结算中争议最少的一种工程签证。

（2）工程签证仅对变更的事实予以确定的，按当地的计价规定和标准进行计价。工程签证从本质上讲就是一个补充合同，而合同生效后对价款约定不明或未约定，按照《民法典》第五百一十一条的规定处理，"当事人就有关合同内容约定不明确，依照前条规定仍不能确定的，适用下列规定：……（二）价款或报酬不明确的，按照订立合同时履行地市场价格履行；依法应当执行政府定价或者政府指导价的，按规定履行"。因此，《最高人民法院关于审理建设工程施工合同纠纷案件适用法律问题的解释（一）》第十九条第二款明确规定："因设计变更导致建设工程的工程量或者质量标准发生变化，当事人对该部分工程价款不能协商一致的，可以参照签订建设工程施工合同时当地建设行政主管部门发布的计价方式或者计价标准结算工程价款。"当地建设行政主管部门发布的计价方法或计价标准是根据本地建筑业市场的建筑安装成本的平均值确定的，属于政府指导价的范畴，所以，这类工程签证的工程价款可参照签订施工合同时当地建设行政主管部门发布的计价方法或计价标准结算工程价款。

（3）没有工程签证，只有其他证据证明发包人同意施工的，按当地的计价规定和标准进行计价。《最高人民法院关于审理建设工程施工合同纠纷案件适用法律问题的解释（一）》第二十条规定："当事人对工程量有争议的，按照施工过程中形成的签证等书面文件确认。承包人能够证明发包人同意其施工，但未能提供签证文件证明工程量发生的，可以按照当事人提供的其他证据确认实际发生的工程量。"所以，承包人有证据证明发包人同意或要求其施工的，并且该证据经过举证、质证后足以证明其真实性、合法性和关联性的，这类证据可视为工程签证，可以作为计算工程量的依据。按照《最高人民法院关于审理建设工程施工合同纠纷案件适用法律问题的解释（一）》第十九条的精神，这类情况的计价原则也可参照签订施工合同时当地建设行政主管部门发布的计价方式或计价标准结算工程价款。

案例

经协商变更后的工程价款显失公平，能否有效?

基本案情

2017年5月，被告某建筑公司（以下简称建筑公司）承包了某工程项目。被告就脚手架工程与原告某建筑材料设备租赁站（以下简称租赁站）签订分包合同，约定建筑公司以每平方米30元的包工包料的方式将搭建脚手架工程分包给租赁站。至工程完工，租赁站共计完成搭架工程量5 000平方米，合计工程款为150 000元。但建筑公司仅支付工程款40 000元，余款一直未付。2019年3月，租赁站将建筑公司告上法庭，要求该公司支付余款及违约金。建筑公司辩称，该公司与原告租赁站签订搭设脚手架合同后，双方于2017年11月另外签订了一份协议，明确约定：建筑公司给付租赁站40 000元后，双方就不存在任何权利义务了。因此建筑公司要求法院驳回原告的诉请。

裁判要旨

一审法院经审理认为，原告租赁站与被告签订的搭设脚手架承包合同，是双方当事人真实意思的表示，应确认合法有效。签约后，原告实际完成的工程量经被告项目经理签字确认的是5 000平方米，但被告仅付40 000元，拖欠余额支付属被告违约。对此，被告应给付该工程余款并承担延付该工程余款的违约金。同时，一审法院还认为，按照原告与被告在2017年11月签订的协议，原告放弃大部分工程款是不切实际的，故应确认该协议不是其真实的意思表示，依法应确认其无效。2020年2月，法院判决被告于判决生效后的十日内给付尚欠原告工程款110 000元及延付该工程款的违约金，被告逾期付清的，则由被告按《民事诉讼法》的有关规定，向原告加倍支付延迟履行期间的债务利息。建筑公司不服并提出上诉。二审法院经审理后认为：虽然建筑公司与租赁站在2017年5月的合同中约定了脚手架以每平方米30元计算，而且建筑公司也签字确认了该工程量。但2017年11月双方再次达成协议，即：约定建筑公司给予租赁站40 000元之后，双方之间的合同终止。同时，这个协议签订后，双方均履行了各自的义务。根据该协议，双方在履行了各自的义务后，就已经不存在债权债务关系了。如果租赁站认为该协议显失公平，那么他应该在一年内向人民法院提出予以撤销的要求，而事实上租赁站直至2019年3月才提起诉讼，显然已超过法定的除斥期间，因此，租赁站要求建筑公司给付工程款是没有法律依据的。2020年11月，二审法院对该案做出改判：撤销一审法院的判决，驳回租赁站要求建筑公司支付工程欠款的诉讼请求。

📁 案件评析

本案中的当事人对工程价款有过两次约定。《民法典》规定，当事人协商一致的，可以变更合同。后一个协议虽然明显不利于原告，但它毕竟是当事人双方协商一致的结果，具有变更原合同的法律效力。当事人双方的债权债务关系应当根据后一个协议重新确定。租赁站如果认为该协议显示公平，应当在法律规定的时效内（知道或者应当知道撤销事由之日起一年内）行使撤销权。但遗憾的是，租赁站并没有及时行使该项权利，其诉讼请求无法得到法律保护。

二、建设工程合同的终止

1. 建设工程合同终止的条件

（1）已存在有效的建设工程合同关系，合同终止是在原合同的基础上，通过当事人双方的协商或者法律的规定终止原合同关系的内容。因此，无原合同关系就无终止的对象。

（2）合同终止必须依当事人双方的约定，或者依法律的规定。依据《民法典》，当事人协商一致可以解除合同。在协商解除合同的情况下，解除合同的协议必须符合民事法律行为的有效要件。如解除合同的协议不能成立或不能生效，则当事人仍然应按原合同的内容履行。若当事人就是否及怎样解除合同不能协商一致，则需请求法院或仲裁机构进行裁决，在解除合同的请求未获生效法律文书的支持前，双方当事人仍有履行原合同的义务。

2. 建设工程合同终止的情形

建设工程合同终止的情形为《民法典》第五百五十七条规定的情形，具体包括：（1）债务已经履行；（2）债务相互抵销；（3）债务人依法将标的物提存；（4）债权人免除债务；（5）债权债务同归于一人；（6）法律规定或者当事人约定终止的其他情形。建设工程施工合同因其本身的特殊性，其合同终止原因的情形主要表现为：（1）债务履行完毕自然终止合同；（2）承包方与发包方协商解除合同而使合同终止；（3）法院、仲裁机构依法判决解除或终止合同。

案例

如何行使解除合同的权利？

📁 基本案情

2018年5月，苏州A勘察设计顾问有限公司（以下简称"A公司"）与四川置业有限公司（以下简称"B公司"）签订《S项目设计合同》，约定B公司开发的S项目由A公司提供工程设计服务。合同约定设计面积约10万平方米，设计主要服务内容为规划及建筑设计方案（含北沟）、建筑施工图设计等。合同价格约定固定单价为28元/平方米，最终以实际设计面积为准，并约定了分期支付方式，后双方陆续签订《S项目合同补充协议》《〈S项目合同〉DY-SJ-001补充协议二》《〈S项目合同〉DY-SJ-001补充协议三》等。

合同签订后，A公司依约进行了报规工作，于2019年3月向B公司提交建筑设计方案并报经当地政府通过备案，并向B公司提交相应的施工图。A公司完成设计工作后，多次要求B公司支付合同约定的设计费用无果，B公司仅仅支付了73.25万元。2020年年底，A公司诉至法院，要求解除双方签订的合同及补充协议，被告B公司支付设计费用3 509 346.75元及相应利息，支付违约金28万元，由被告承担诉讼费、保全费等。

B公司认为设计工作系终身责任制，不同意解除合同，且1#、2#、3#、45#楼系原来的设计公司设计并非A公司设计，案涉项目只涉及南沟，A公司提交的部分证据系北沟项目。

📁 裁判要旨

法院认为A公司对1#、2#、3#、45#楼进行了设计并提交了设计成果，且双方在设计过程中存在边设计边修改、先设计后签协议、新增设计内容等情形，签订的补充协议中也存在新增北沟的设计项目，A公司提交的设计成果相关证据与补充协议中的约定内容基本吻合。A公司按照设计合同及补充协议内容出具设计图，并要求B公司按照约定完成审图义务，B公司未及时送审导致无法出具蓝图，但B公司已经按照A公司提供的设计图进行了施工，B公司用实际行动认可了A公司的设计图，目前虽工程未竣工验收，但B公司无证据证明系A公司的过错导致，B公司未按照合同约定足额支付款项，其迟延履行主要债务的行为导致合同目的不能实现，属于法定解除合同的情形，且双方合同约定逾期支付设计费超过60个工作日，A公司有权解除合同，故法院支持A公司解除合同的请求。

📁 案件评析

合同解除的情形包括当事人协商一致解除，当事人约定的条件成就时解除，因不可抗力致使合同目的不能实现而解除，因履行期限届满前一方当事人明确表示或以自己行为表示不履行主要债务而解除，因当事人一方迟延履行主要债务且经催告后在合理期限内仍未履行而解除，因当事人一方迟延履行债务或有其他违约行为致使不能实现合同目的而解除，等等。根据双方合同约定，A公司的合同义务是完成设计并进行交付，B公司的主要义务是支付设计费用，A公司完成了报规工作并于2019年3月交付了设计图，完成了合同约定的义务，应当按约收取设计费用，合同约定的设计费用为280万元，实际完成的设计费用更高，B公司仅仅支付了73.25万元，至起诉之日已经超过合同约定的60个工作日，因此属于"当事人约定的条件成就时解除"的情形。B公司的迟延支付设计费用的情况，已导致合同目的不能实现，符合"当事人一方迟延履行债务或有其他违约行为致使不能实现合同目的"的情形。当然，实际上本案合同的解除也满足"履行期限届满前一方当事人明确表示或以自己行为表示不履行主要债务、当事人一方迟延履行主要债务，经催告后在合理期限内仍未履行"等情形，B公司拒不支付设计费用的行为触发多种解除合同的法律规定。本案A公司诉前未向B公司发函，如能书面发出解除合同的函件，将B公司违约的行为及达到解除合同的条件一一列举,从而通知解除合同,在对方不认可的情况下请求法院确认解除,效果更佳。

思考题

1. 在工程中遇到地基条件与原设计所依据的地质资料不符时,承包商可采取哪些法律措施保障自己的合法权益?请结合下列案情回答。

某厂房建设场地原为农田。按设计要求在厂房建造时,厂房地坪范围内的耕植土应清除,基础必须埋在老土层下2米处。为此,业主在"三通一平"阶段就委托土方施工公司清除了耕植土并用好土回填压实至一定设计标高,故在施工招标文件中指出,施工单位无须再考虑清除耕植土问题。某施工单位通过投标方式获得了该项工程施工任务,并与建设单位签订了固定价格合同。然而,施工单位在开挖基坑时发现,相当一部分基础开挖深度虽已达到设计标高,但仍未见老土,且在基坑和场地范围内仍有一部分深层的耕植土和池塘淤泥等必须清除。

2. 建设工程合同变更的原因有哪些?

第五节 建设工程施工合同的索赔与违约责任

合同履行过程中,因一方当事人违反合同或由于非当事人之外的原因导致另一方当事人遭受损失的,根据《民法典》的规定,需对另一方进行补偿或赔偿。该两种情形在建设工程施工合同的实践中,被称为索赔或承担违约责任。

一、建设工程施工合同的索赔

建设工程施工合同的索赔指发生合同双方约定合同价款以外的损失,合同的一方当事人以合法的手段向另一方提出索赔的请求。该损失不是因为合同一方当事人自身原因,也不是由于对方当事人不履行合同条款或出现违法行为造成的,而是出现了合同双方都无法预料的情形,如情势变更、不可抗力、不利的地质条件或业主未向施工企业按时提交设计图纸等。索赔是向合同对方当事人提出补偿的要求,其本质是合同双方当事人保护自己的合法权益、降低自身因风险发生而遭受损失的合法合理的权利主张,是在正确完全履行合同所规定义务的基础上为自身争取合理补偿的一种方式方法。索赔是双向的,即发包人可向承包人索赔,承包人也可向发包人索赔。工程实践中,一般称前者为索赔,后者为反索赔[①]。

1. 建设工程施工合同索赔的法律特征

(1)建设工程施工合同索赔以实际损失已经发生为前提,即已经发生了索赔事件,且

[①] 从法律的角度来看,一般将索赔人原告的请求称为索赔,将答辩人被告所作的抗辩称为反索赔。

该事件已经造成承包人发生了实际合同以外的费用增加及工期延长，增加的费用包括工人的工资、增加设备或维修设备的费用以及材料费等[①]。导致该费用的增加及工期的延长原因有多种，如不利的地质条件、法律法规的变动以及不可抗力等，这些原因都是承包商和发包商在签订合同的过程中不能预料的，只有因这些外来因素给承包商带来了实际损失，承包商才能按照法律规定向发包商提出索赔，发包商才会给予承包商一定的经济补偿或者工期延长。发生不可抗力造成了工期的延误，承包人可要求发包人给予工期延长，但不能要求经济补偿，若在合同中约定了工期延长的情形，则不能进行索赔而应按合同约定解决。

（2）建设工程施工合同索赔利益是一种期待利益。建设工程施工合同索赔非因当事人的过错或当事人应承担的风险，而是因发生了不可抗力、情势变更等情形，遭受损失的一方向另一方请求费用补偿或工期延长的要求，是一种可期待的利益。《建设工程施工合同（示范文本）》（GF—2017—0201）第17条中规定，因为不可抗力发生引起或将引起工期延误的，发包人要求赶工的，由此增加的赶工费用由发包人承担。若索赔主张未得到发包方回应，承包方可依据在施工过程中收集的证据进行仲裁或诉讼，其责任主体需要发包方、监理工程师、法院或者仲裁委员会最终确定，最终能赔偿的损失或延长的工期具有不确定性。

（3）建设工程施工合同索赔应依程序提出并由索赔方承担举证责任。依据《建设工程施工合同（示范文本）》（GF—2017—0201）19.1，建设工程施工合同的举证责任由承包方承担，当其在知道或应当知道索赔事件发生后28天内，向监理人递交索赔意向通知书，并说明发生索赔事件的事由，然后根据具体情况提供相应证据，遵循民事诉讼法"谁主张、谁举证"的原则，如果承包商没有在规定期限内提出索赔意向、提供索赔报告及必要的索赔证据，则意味着其放弃索赔的权利，还可能被反索赔。

2. 建设工程施工索赔的程序

要在索赔过程中占有优势，承包商需要在施工过程中做好现场记录，按照索赔步骤对发包商索赔。依据《建设工程施工合同（示范文本）》（GF—2017—0201）19.1的规定，主要有以下索赔步骤。

（1）提出索赔意向。工程施工过程中，承包商应在知道或应当知道出现索赔事件的28天内向监理人递交索赔意向通知书，说明发生索赔的事由。若承包人未在该28天内未发出索赔意向通知书，法律推定其放弃对工程费用的索赔或放弃要求工期顺延。因此，为及时提出索赔要求，发包人要及时关注索赔事件发生的全过程，做好索赔管理的准备并采取必要的措施防止损失的扩大，最大程度保护发包商和承包商的利益。

（2）准备并提交索赔资料。承包商发出索赔意向通知书后，应准备证据材料，并在28天内向监理工程师递交正式的索赔报告，应追踪索赔事件发生的过程、分析事件发生的前因后果、厘清责任主体、确定补偿金额或工期延长的天数；在索赔过程中，要保留完整的记录，收集证据，保证成功索赔。FIDIC合同（国际咨询工程师联合会编制的《土木工程施工合同条件》）中的索赔程序与国内的索赔程序有差异，其规定承包商提交更详细的索

[①] 宋宗宇：《建设工程施工合同索赔与反索赔》，同济大学出版社2007年版，第4页。

赔报告，在向监理工程师递交详细索赔报告的 42 天后，要先咨询工程师是否同意，若其不同意，要求其说明理由。

（3）监理工程师审核并处理承包商提交的索赔文件。依据《建设工程施工合同（示范文本）》（GF—2017—0201）4.1.4.3.4.4 的规定，发包人和承包人应该在合同的条款中明确监理工程师的监理内容及权限范围等事项。监理工程师依据法律规定及发包人授权对建设工程施工进行查验、审核、验收等工作并对承包商作出现场指示。同时，当承包商和发包商进行协商时，总监理工程师应尽量使双方意见达成一致，不能达成一致意见的，其有权根据合同规定做出公正的判定。因此，提出索赔后，监理工程师应界定承包商的证据及损失，厘清各方责任，公正、科学地确定索赔金额和工期延长的期限。

（4）处理和解决索赔。监理工程师依据索赔文件提出索赔事件最初的处理意见后，由合同双方进行协商达成一致的最终意见；如果不能达成一致意见，则可根据相关法律规定，将索赔争议提交仲裁或诉讼。《建设工程施工合同（示范文本）》（GF—2017—0201）设置有争议评审制度，即施工单位和建设单位在合同签订 28 天内或者争议发生 14 天内，依据法律规定共同选择一名或三名争议评审员，组成争议评审小组，争议评审小组应秉持客观公正的原则，听取施工单位和建设单位的意见，依据相关法律、具有代表性的案例、标准等，自收到申请报告 14 天后作出书面决定，该书面决定经双方签字确认后具有法律效力。如果一方不同意该决定或不履行该决定，双方可依法通过协商、诉讼或仲裁等方式解决。

二、建设工程合同中的违约责任

违约责任即合同当事人因违反合同债务所应承担的民事责任，《民法典》第三编第八章"违约责任"中，规定了预期违约及实际违约等所应承担的法律责任。

违约责任是当事人不履行债务所导致的民事责任，不同于行政责任和刑事责任。当事人间的合同成立并有效且存在债务人违反合同义务不履行债务的事实，是债务人承担违约责任的前提。违约责任具有相对性，只能发生在特定的合同当事人之间，只有守约方才能基于合同向违约方提出请求或提起诉讼，与合同无关的第三人不能依据合同对违约方提出请求或诉讼。根据合同自由原则，当事人在法律规定的范围内可预先约定违约责任，如预先约定违约金的数额幅度、损害赔偿额的计算方法、免责的条件等。违约责任兼具惩罚性和补偿性。惩罚性表现为制裁违约方以促使债务人履行债务，预防或减少违约现象；补偿性体现在违约责任以损害赔偿为承担的主要方式，违约方所承担的赔偿责任应相当于另一方因此而受到的损失。

建筑工程合同中，针对不同性质的违约行为，债权人要求违约人承担相应违约责任的法律根据，不仅包括《民法典》，还包括《建筑法》和《建设工程质量管理条例》等法律法规。承包人或者发包人单方违约的，由违约方向守约方承担违约责任；承包人和发包人均违约的，则根据双方各自的过错，承担各自应当承担的责任[①]。

---

① 崔东红、肖萌：《建设工程招标与合同管理实务》，北京大学出版社 2002 年版，98 页。

1. 发包人的违约行为及违约责任

（1）发包人未按合同约定的时间和要求提供原材料、设备、场地、技术资料，或未按约定支付工程预付款或工程进度款，应承担不履行、不适当履行或迟延履行的违约责任。

（2）在发包人提供的技术资料存在错误、变更设计文件、变更工程、未提供必要工作条件致使承包方无法正常进行施工作业等情况下，发包人应承担不履行、不适当履行或迟延履行违约责任，施工方可停建、缓建并及时通知监理工程师和发包人，向发包人索赔损失。

（3）隐蔽工程施工前，承包方自检合格后通知发包人和监理工程师检查验收，验收合格后方可进行隐蔽工程的施工。若发包人接通知后不及时检查验收，应承担迟延履行的违约责任。

（4）承包方按照合同规定完成工程建设任务后，发包方应及时支付工程竣工结算款，未按照约定支付工程价款的，承包方可以按照《民法典》第八百零七条的规定，催告其在合理期限内支付价款。发包人逾期不支付的，除按照建筑工程性质不宜折价、拍卖的外，承包人可以与发包人协议按照有关法律法规将工程折价，也可申请人民法院依法将该工程拍卖，承包方就该工程折价或者拍卖的价款优先受偿。

（5）合同约定应当由监理工程师完成的工作，监理工程师没有完成或者没有按照约定完成，给承包人造成损失的，也应由发包人承担违约责任。监理工程师是受发包人委托而进行工作的，其行为与合同约定不符时，视为发包人的违约。但是，发包人承担违约责任后可根据监理委托合同追究监理方的民事责任。

2. 承包人的违约行为及违约责任

因承包人原因不能按照合同约定的竣工日期或者监理工程师同意顺延的工期竣工的，承包人应承担迟延履行的违约责任。

因承包人原因工程质量达不到合同约定质量标准的违约责任。工程的施工质量是决定建筑工程质量的关键，承包人在施工过程中应当按照施工图设计文件、设计变更以及国家现行的施工规范、技术标准进行施工，不得擅自修改工程设计、变更设计内容，不得偷工减料，粗制滥造，否则承包方对施工质量应承担不适当履行的违约责任。建设工程质量不仅关系到国家利益、社会公共利益和社会公众安全，关系到使用者的自身权益以及第三者的人身财产，承包人还应对建设工程合理使用期间的质量安全承担保障责任。

除承担民事违约责任外，建设工程施工合同承发包双方的违约行为还可能导致行政责任。依照国务院颁布的《建设工程质量管理条例》第六十四条规定，施工单位在施工中偷工减料的，使用不合格建筑材料、建筑构配件和设备的，或者有不按照工程设计图纸或者施工技术标准施工的其他行为的，将被行政主管机构责令改正，处工程合同价款百分之二以上百分之四以下的罚款，造成建设工程质量不符合规定的质量标准的，负责返工、修理，并赔偿因此造成的损失；情节严重的，责令停业整顿，降低资质等级或者吊销资质证书。

案例

发包人因承包人违约受损时未及时采取措施防止损失的扩大,对扩大的损失能否要求承包人赔偿?

基本案情

2018年7月,原告某建筑工程承包公司(以下简称承包公司)与被告某房地产开发有限公司(以下简称房地产公司)就某项目签订了一份前期工程协议书,约定:承包公司负责该项目的前期工程,包括动拆迁和七通一平;房地产公司按面积分四期支付工程款。在合同履行过程中,承包公司由于疏忽,对在项目基地红线边缘的两所协议规定应该拆除的民房未予以拆除。房地产公司虽知道该情况但一直未予提醒,且不加说明地拒付了大部分工程款并耽搁了一段时间的工期,这种状况一直延续至该项目完工。结算过程中,承包公司根据协议,要求房地产公司支付尚欠的20 000万元工程款,但遭到了房地产公司的拒绝。理由是,承包公司没有按协议的约定完成任务,两所民房仍未拆除,而且还拖延了工期。2019年4月,承包公司以欠款为由,将房地产公司告上了法庭。庭审中,承包公司承认,这两所民房是双方协议规定应该拆除的,未予拆除的原因确实是承包公司的疏忽。但是,这两所民房未拆并未实际影响项目施工,现在工程已全部完工,房地产公司可以扣除这两所房子的拆迁费用,但不应拒付大部分的工程款;对此,房地产公司不但不予认可而且还提出反诉,要求承包公司支付延误工期的巨额违约金1 000万元。

裁判要旨

2019年5月,法院经审理做出判决:承包公司应拆除剩余的两所民房;房地产公司则应按约支付全部工程款给承包公司。由于延误工期系由房地产公司拒付大部分工程款造成,是房地产公司的人为原因使损失扩大,故对房地产公司要求承包公司支付延误工期的违约金1 000万元的诉请依法予以驳回。

案件评析

"全面履行"是合同当事人依法应当履行的基本义务,《民法典》第五百零九条第一款规定:"当事人应当按照约定全面履行自己的义务。"承包公司没有按约定将应该拆除的民房拆除,就是没有"全面履行",应当判令其全部完成。但同时,法律又为当事人设定了"减损义务",《民法典》第五百九十一条第一款规定:"当事人一方违约后,对方应及时采取适当措施防止损失的扩大;没有采取适当措施致使损失扩大的,不得就扩大的损失请求赔偿。"在合同履行过程中因某种原因致使当事人遭受损失的,双方在有条件的情况下都有采取积极措施防止损失扩大的义务,而不管这种损失的造成是否与自己有关。房地产公司显然是属于在另一方违反合同受到损失时,没有及时采取措施防止损失的扩大。因此对于扩大了的损失,当然也就不能要求赔偿。

思考题

1. 某房地产开发公司在北京开发建设一住宅项目，经过多次和设计单位沟通，在进行该工程招标前得到了详细的施工图纸。开发商在编制的招标文件中规定：各工程承包商在报价时要按照当期市场材料价格报价，对于工程施工需要的各种措施费用要考虑齐全，同时要考虑各种材料涨价等不利因素。开发商在招标文件中还明确本工程将采用图纸内容一次性包干的固定价格合同，图纸内所有的项目将不再考虑变更的经济费用。

问题：

（1）该工程采用固定价格合同是否合适？

（2）如果在施工过程中钢筋价格由报价时的 2 600 元/吨上涨到 3 600 元/吨，承包商是否可以向开发商进行索赔？

2. 针对某研究单位科研楼工程，甲方经过了解后决定直接发包给不同性质的三个公司，分别与 A 公司签订了土建施工合同，与 B 公司签订了科研设备安装合同，与 C 公司签订了电梯安装合同。三个合同协议中都对甲方提出了一个相同的条款，即"甲方应协调现场其他施工单位，为乙方创造如垂直运输等可利用条件"。合同执行后，发生如下事件：

事件一：顶层结构楼板吊装后，A 公司立刻拆除塔吊，改用卷扬机运材料作屋面及装饰，C 公司原计划中由甲方协调使用塔吊将电梯设备吊上 9 层楼顶的设想落空后，提出用 A 公司的卷扬机运送，A 公司提出卷扬机吨位不足，不能运送。最后，C 公司只好为机房设备的吊装重新设计方案。

事件二：进入科研设备安装阶段后，B 公司按照协议条款，把设备的垂直运输方案建立在使用新装电梯这一条件上。设备到梯准备运送时，C 公司提出不准使用，理由一是电梯虽能运行，但仍在调试阶段，二是没有帮其他人运送设备的义务。按合同时间专程从远方进厂安装科研设备的人员只好等到电梯验收后才开始工作。

由于没有协调好 A、B、C 三个承包单位的协作关系，他们互相之间又没有合同约束，最终引起 C 公司和 B 公司的索赔要求，理由是"甲方没有能够按协议条款为乙方创造运输条件，使乙方改变方案，推迟进度，增大了开支"。

问题：

（1）C 公司和 B 公司的索赔要求是否成立？

（2）甲方和 A、B、C 三家公司签订的合同中有一个相同的条款是否妥当？

第四章 建设工程监督制度

建设工程的监督制度指调整建设工程行政管理部门或行业主体在监督建设工程行为或结果的过程中所形成法律关系的法律规范的总称。其调整对象主要表现为因政府部门监督管理建设工程而形成的纵向法律关系,也包括建筑行业主体根据政府授权或法律的规定而监督管理建设工程形成的法律关系。建设工程监督管理的法律关系范围广泛,本章主要探讨建设工程质量、安全生产、节能与环保方面的监督管理制度内容。

建设工程质量主要指建设工程本身的质量,是法律、技术标准、设计文件和建设工程合同对工程的安全、适用、经济、美观等特性的综合要求。建设工程安全既指工程建筑物本身的安全,也指在工程施工过程中人员的生命安全,与建设工程质量紧密相关。影响建设工程质量和安全的因素很多,包括工程项目决策、勘察设计、工程施工、材料、机械、设备及工程所在地的政治、经济、社会环境以及地形、地质、水文、气象等因素。

建设工程质量与安全具有以下特点:(1)影响因素多,变动大。工程建设的勘察、设计、施工、监理等每一个环节都可能对建筑工程质量和安全产生影响。(2)隐蔽性强,终检局限大。工程建设工序繁多,各个工序都有可能产生隐蔽性的质量问题,不能及时被终检发现。(3)对社会影响大。工程建设质量与安全关涉社会公众的财产和生命健康。为保障工程质量与安全,我国主要建立了建设工程质量的政府监督制度、建设行为主体的质量保障义务与责任、建设工程强制监理制度和建设工程安全生产制度。

第一节 建设工程质量的政府监督制度

工程质量的政府监督是指建设工程的政府主管机构及其授权的工程质量监督机构根据有关法律规范和质量检测标准,对参与、从事建设活动相关的工程建设各方主体的质量行为进行约束、规范和引导,以保证工程质量的活动。对工程质量的监督具有强制性、权威性、执法性、公正性和科学性[1],主要包括建设工程的从业资质管理与施工许可制度,建筑工程的建设标准、竣工验收管理与质量保修等制度。

---

[1] 易强:《谈谈政府建设工程质量监督制度的改革》,载《中外建筑》2000年第2期,第95-96页。

一、建设工程质量的政府监督机制

《建设工程质量管理条例》规定了我国监督建设工程质量的政府部门及其相应的职能，具体的监督措施及监督者的法律责任。

（一）建设工程质量的政府部门及其职能

国务院建设行政主管部门对全国的建设工程质量实施统一监督管理；国务院铁路、交通、水利等有关部门按照国务院规定的职责分工，负责对全国的有关专业建设工程质量的监督管理；国务院发展计划部门按照国务院规定的职责，组织稽查特派员，对国家出资的重大建设项目实施监督检查。国务院经济贸易主管部门按照国务院规定的职责，对国家重大技术改造项目实施监督检查。县级以上地方人民政府建设行政主管部门对本行政区域内的建设工程质量实施监督管理。县级以上地方人民政府交通、水利等有关部门在各自的职责范围内，负责对本行政区域内的专业建设工程质量的监督管理。

同时，对建设工程质量的监督，可由建设行政主管部门或者其他有关部门委托的建设工程质量监督机构具体实施。从事房屋建筑工程和市政基础设施工程质量监督的机构，须按照规定经国务院建设行政主管部门或者省、自治区、直辖市人民政府建设行政主管部门考核；从事专业建设工程质量监督的机构，必须按照国家有关规定经国务院有关部门或者省、自治区、直辖市人民政府有关部门考核。经考核合格后，方可实施质量监督。政府授权的工程建设质量监督机构的主要职责是：对受监察工程的勘察、设计、施工、监理等单位的质量进行检查，并参照检查工程的质量等级和建筑构件质量评定本地区、本部门的优质工程；参与重大工程质量事故的处理；总结质量监督工作经验，掌握工程质量状况，定期向主管部门汇报。

在加强行政监管的同时，还规定任何单位和个人对建设工程的质量事故、质量缺陷都有权检举、控告投诉，发挥社会监督的作用。

（二）建设工程质量的政府监督措施

政府对工程质量监督管理的目的是使国家法律、法规规章得到贯彻落实，使建筑质量得以保证，避免因为工程质量不合格而造成的安全事故及财产的损失，促进市场经济的顺利发展。

《建设工程质量管理条例》第四十八条规定，县级以上人民政府建设行政主管部门和其他有关部门履行监督检查职责时，有权采取下列措施：（1）要求被检查的单位提供有关工程质量的文件和资料；（2）进入被检查单位的施工现场进行检查；（3）发现有影响工程质量的问题时，责令改正。有关单位和个人对县级以上人民政府建设行政主管部门和其他有关部门进行的监督检查应当支持与配合，不得拒绝或者阻碍建设工程质量监督检查人员依法执行职务。

（三）工程质量政府监督主体的法律责任

《建设工程质量管理条例》第七十条规定，发生重大工程质量事故隐瞒不报、谎报或者拖延报告期限的，对直接负责的主管人员和其他责任人员依法给予行政处分。《建设工程质量管理条例》第七十六条规定，国家机关工作人员在建设工程质量监督管理工作中玩忽职守、滥用职权、徇私舞弊，构成犯罪的，依法追究刑事责任；尚不构成犯罪的，依法给予行政处分。

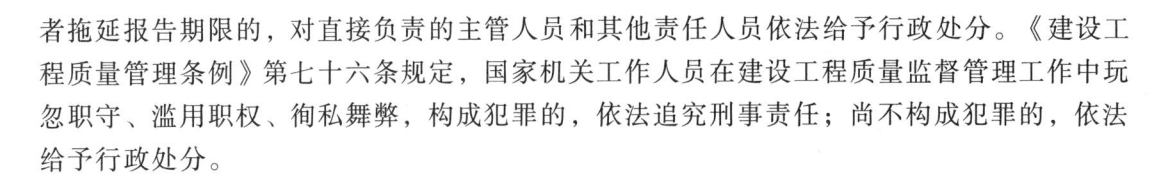

二、建设工程的执业资格管理制度

建设工程执业资格管理制度指在法律规定范围内从事建筑活动的单位和个人，需事先依法取得相应的资质或资格的制度。绝大多数发达国家都通过法律规范严格限制对从事建筑活动的主体的资格。我国的工程建设采用单位执业资质和个人执业资格并存模式，强化市场准入条件，保障建设工程的质量。

符合法定的从业资格条件并经过法定的审批程序，是建设活动主体从事建筑活动的前提。《建筑法》要求建筑施工企业、勘察单位和工程监理单位从事建筑活动应先具备以下条件：有符合国家规定的注册资本；有与从事的建筑活动相适应的具有法定执业资格的专业技术人员；有从事相关建筑活动应有的技术装备；法律规定的其他条件。《城市房地产管理法》要求设立以营利为目的从事房地产开发和经营的房地产开发企业，应当具备下列条件：有自己的名称和组织机构；有固定的经营场所；有符合国务院规定的注册资本；有足够的专业技术人员；法律、行政法规规定的其他条件。

建设工程执业资格管理制度的渊源除《建筑法》外，还包括《工程咨询行业管理办法》《安全评价检测检验机构管理办法》等工程建设从业单位资质管理法律规范，《注册建筑师条例》《工程咨询（投资）专业技术人员职业资格制度暂行规定》《咨询工程师（投资）职业资格考试实施办法》《注册安全工程师管理规定》《特种作业人员安全技术培训考核管理规定》等建设执业人员资格管理法规。

（一）建设工程企业的资质管理

我国对从事建筑活动的建筑施工企业、勘察单位、设计单位和工程监理单位实行资质等级许可制度。《建筑法》第十三条规定："从事建筑活动的建筑施工企业、勘察单位、设计单位和工程监理单位，按照其拥有的注册资本、专业技术人员、技术装备和已完成的建筑工程业绩等资质条件，划分为不同的资质等级，经资质审查合格，取得相应等级的资质证书后，方可在其资质等级许可的范围内从事建筑活动。"

1. 建设工程施工企业的资质及其业务范围

施工企业的资质分为施工总承包、专业承包和劳务分包三个序列。施工总承包资质、专业承包资质、劳务分包资质序列按照工程性质和技术特点分别划分为若干资质类别。各资质类别按照规定的条件划分为若干资质等级。

取得施工总承包资质的企业（简称施工总承包企业），可承接施工总承包工程，可对所承接的施工总承包工程内各专业工程全部自行施工，也可将专业工程或劳务作业依法分包给具有相应资质的专业承包企业或劳务分包企业。取得专业承包资质的企业（简称专业承包企业），可承接施工总承包企业分包的专业工程和建设单位依法发包的专业工程，可对所承接的专业工程全部自行施工，也可将劳务作业依法分包给具有相应资质的劳务分包企业。取得劳务分包资质的企业（简称劳务分包企业），可承接施工总承包企业或专业承包企业分包的劳务作业。

2. 建设工程勘察设计单位的资质及其业务范围

建设工程勘察资质分为工程勘察综合资质、工程勘察专业资质、工程勘察劳务资质。工程勘察综合资质设甲级；工程勘察专业资质分甲级与乙级，部分专业根据工程性质和技术特点设丙级；工程勘察劳务资质不分等级。获工程勘察综合资质的企业，可承接各专业（海洋工程勘察除外）、各等级工程勘察业务；获工程勘察专业资质的企业，可承接相应等级、相应专业的工程勘察业务；获工程勘察劳务资质的企业，可承接岩土工程治理、工程钻探、凿井等工程勘察劳务业务。

工程设计单位资质分为工程设计综合、工程设计行业、工程设计专业、工程设计专项四类资质。工程设计综合资质设甲级；后三类资质设甲级、乙级；个别行业、专业、专项资质根据工程性质和技术特点设丙级，工程专业资质设丁级。获工程设计综合资质的企业，可承接各行业、各等级的建设工程设计业务；获工程设计行业资质的企业，可承接相应行业、相应等级的工程设计业务及本行业范围内同级别的相应专业、专项（设计施工一体化资质除外）工程设计业务；获工程设计专业资质的企业，可承接本专业相应等级的专业工程设计业务及同级别的相应专项工程设计业务（设计施工一体化资质除外）；获工程设计专项资质的企业可承接本专项相应等级的专项工程设计业务。

3. 建设工程监理单位的资质及其业务范围

建设工程监理单位资质分为综合、专业和事务所三类。按照工程性质和技术特点，专业资质划分为若干工程类别。综合资质、事务所资质不分级别。专业资质分为甲级、乙级；其中，房屋建筑、水利水电、公路和市政公用专业资质可设立丙级。

工程监理单位可承揽相应类别的建设工程的项目管理、技术咨询等业务。综合资质单位可承担所有专业工程类别的建设工程项目的工程监理业务；专业甲级资质单位可承担相应专业工程类别二级以下（含二级）的建设工程项目的工程监理业务；专业丙级资质单位可承担相应专业工程类别三级建设工程项目的工程监理业务；事务所资质单位可承担三级建设工程项目的工程监理业务，但法律规定必须实行强制监理的工程除外。

（二）建筑专业人员的资格管理

《建筑法》第十四条规定："从事建筑活动的专业技术人员，应当依法取得相应的执业资格证书，并在执业资格证书许可的范围内从事建筑活动。"因此，我国的建筑业专业人员需在各自专业范围内参加全国或行业组织的统一考试，获得相应的执业资格证书，经注册后在资格许可范围内才能执业。

我国目前的建筑业专业职业资格主要包括注册建筑师、注册结构工程师、注册造价工程师、注册土木（岩土）工程师、注册房地产估价师、注册监理工程师、注册建造师。尽管存在差异，但不同岗位的执业资格具有以下相同点：（1）均需通过统一考试。跨行业、跨区域执业的需通过全国统一考试，在行业或区域内部执业的，需通过本行业或本区域的统一考试；只在本区域内部执业的，需通过本区域统一考试。（2）均需要经过注册。只有经过注册后才能成为执业人员，未注册的，即使通过了统一考试，也不能执业。（3）均需在各自的执业范围内执业。每个执业资格证书都限定了一定的执业范围，其范围也均由相应的法规或规章所界定。注册执业人员不得超越范围执业。（4）均需要接受继续教育，接受继续教育的频率和形式由相应的法律规范规定。

三、建设工程的施工许可制度

建设工程施工许可制度，指建设行政主管部门，在建筑工程施工前，依法根据建设单位的申请，审查所申请建设工程是否符合法定开工条件并对符合条件的工程颁发施工许可证，许可其开工建设的制度。《建筑法》第七条第一款规定："建筑工程开工前，建设单位应当按国家有关规定向工程所在地县级以上人民政府建设行政主管部门申请领取施工许可证；但是，国务院各建设行政主管部门确定的限额以下的小型工程除外。"

（一）申领施工许可证的法定条件

为了保证建筑工程开工后，组织设施能够顺利进行，《建筑法》第八条规定了申领施工许可证须具备的六个法定条件。对符合条件的申请，建设行政主管部门应当自收到申请之日起七日内颁发施工许可证。

1. 已经办理建筑工程用地批准手续

《土地管理法》规定，建设工程需要使用土地的，须依法申请使用土地；需要国有建设用地的，应向有批准权的土地行政主管部门申请并经其审查，报本级人民政府批准。

2. 依法应当办理建设工程规划许可证的，已取得规划许可证

《城乡规划法》规定，在城市、镇规划区内建设工程需要申请用地的，建设单位在依法办理用地批准手续之前，须先取得工程的建设用地规划许可证。在城市、镇规划区内进行建筑物、构筑物、道路、管线和其他工程建设的，建设单位或个人应向城市、县人民政府城乡规划主管部门或者省、自治区、直辖市人民政府确定的镇人民政府申请办理建设工程规划许可证。

3. 需拆迁的，其拆迁进度符合施工要求

因先期拆迁的进度直接影响整个建筑工程能否顺利进行，在建筑工程开始施工时，拆迁进度须符合工程开工要求。这是保证建设工程正常施工的前提。

4. 已确定建筑施工企业

建设单位须依据《建筑法》《招标投标法》及其相关规定确定建筑施工企业。根据《建筑工程施工许可管理办法》第四条规定，建设单位发生以下几种情形，所确定的施工企业无效：（1）按照规定应该招标的工程没有招标；（2）应该公开招标的工程没有公开招标；（3）肢解发包工程；（4）将工程发包给不具备相应资质条件的施工企业。

5. 有满足施工需要的资金安排、施工图纸及技术资料

《建设工程勘察设计管理条例》第二十六条规定了方案设计文件、初步设计文件和施

工图设计文件的要求：编制方案设计文件应满足编制初步设计文件和控制概算的需要；编制初步设计文件应满足编制招标文件、主要设备材料订货和编制施工图设计文件的需要；编制施工图设计文件，应满足设备材料采购、非标准设备制作和施工的需要，并注明建设工程合理使用年限。

6. 有保证工程质量和安全的具体措施

根据《建设工程质量管理条例》第十三条和《建设工程安全生产管理条例》第十、四十二条的规定，建设单位在领取施工许可证时，应按照国家有关规定办理工程质量监督手续，提供建设工程有关安全施工措施的资料；建设行政主管部门在审核发放施工许可证时，应审查建设工程的安全措施，对没有安全施工措施的，不得颁发施工许可证。

《建筑工程施工许可管理办法》规定"按照规定应该委托监理的工程已委托监理"，这是申请施工许可证的限制条件。因为，建设单位委托监理单位进行监理这一措施本身是其保证质量和安全的具体措施，并且，监理单位在监理过程中是具体保证质量和安全措施的执行者。

（二）不需申请施工许可证的工程类型

根据规定，下列工程在开工前不须办理施工许可证。

1. 国务院建设行政主管部门确定的限额以下的小型工程

根据《建筑工程施工许可管理办法》第二条第二款的规定，限额以下的小型工程是指工程投资额在 30 万元以下或者建筑面积在 300 平方米以下的建筑工程。省、自治区、直辖市人民政府住房城乡建设主管部门可根据当地的实际情况调整限额并报国务院住房城乡建设主管部门备案。

2. 作为文物保护的建筑工程

《建筑法》第八十三条规定，依法核定作为文物保护的纪念建筑物和古建筑等的修缮，依照文物保护的有关法律规定执行。

3. 抢险救灾工程

《建筑法》明确规定，此类工程开工前不需要申请施工许可证。

4. 临时性建筑工程建设中经常会出现临时性建筑

如工人的宿舍、食堂等，因生命周期短，《建筑法》规定此类工程不需要申请施工许可证。

5. 军用房屋建筑

因其涉及军事秘密不宜过多公开信息，《建筑法》规定军用房屋建筑工程建筑活动的具体管理办法，由国务院、中央军事委员会依据《建筑法》制定。

6. 按照国务院规定的权限和程序批准开工报告的建筑工程

该类工程的开工以已经获得批准的开工报告为前提，因此其不需要再申请施工许可证。

(三) 施工许可证的其他规范

颁发施工许可证意味着认可建设单位的开工条件。为应对某些特殊情况，法律规定了施工许可证的废止、重新核验和重新开工的条件。

1. 废止施工许可证的条件

根据《建筑法》第九条，建设单位应在领取施工许可证之日起三个月内开工。因故不能按期开工的，应向发证机关申请延期；延期以两次为限，每次不超过三个月。既不开工又不申请延期或者超过延期时限的，施工许可证自行废止。

2. 重新核验施工许可证的条件

根据《建筑法》第十条，在建的建筑工程因故中止施工的，建设单位应当自中止施工之日起 1 个月内向发证机关报告并按规定做好建筑工程的维护管理工作。建筑工程恢复施工时，应当向发证机关报告；中止施工满 1 年的工程恢复施工前，建设单位应当报发证机关核验施工许可证。

3. 重新办理开工报告的条件

办理开工报告的工程是施工许可制度的特殊情况。根据《建筑法》第十一条，按照国务院有关规定批准开工报告的建筑工程，因故不能按期开工或者中止施工的，应当及时向批准机关报告情况。因故不能按期施工超过 6 个月的，应当重新办理开工报告的批准手续。

四、建筑工程的建设标准

标准是指在一定范围内获得最佳秩序，对活动及其结果规定共同的和重复使用的规则、指导原则或特性的文件。建筑工程的建设标准是指对工程的设计、勘察、施工、验收、监理等需要协调统一的各项事项所制定的标准，具有综合性强和依法制定的特征。工程建设标准所涉及的内容综合，包括设计、勘察、施工、监理等一系列事项；制定标准需要考虑的因素包括综合技术水平、经济发展现状、人们的接受程度等；建设标准的制定需要以法律的规定为基础，不得违反法律规定。

(一) 建筑工程建设标准的对象与分类

狭义的建筑工程建设标准对象指建设工程设计、施工方法和安全保护统一的技术要求及有关工程建设的术语、符号、代号、制图方法等。因所建设工程是由一系列工业产品按一定的方法构成，广义的建筑工程建设标准涉及环境保护、勘察设计验收、信息、能源、资源、交通运输等问题，《标准化法》所规定的以下标准化对象多与建筑工程的标准相关。

（1）工业产品的品种规格、质量等级或者安全、卫生要求；

（2）工业产品的设计、生产、试验、检验，包装、储存运输使用的方法或者生产储存运输过程中的安全卫生要求；

（3）有关环境保护的各项技术要求和检验方法；

（4）建设工程的勘察设计施工验收的技术要求和方法；

（5）有关工业生产工程建设和环境保护的技术语、符号、代号制图方法，互换配合要求；

（6）农业（含林业、牧业、渔业）产品（含种子、种苗、种畜、种禽）的品种、规格、质量、等级、检验、包装、储存、运输以及生产技术、管理技术的要求；

（7）信息、能源、资源、交通运输的技术要求。

按不同的分类依据，工程建设标准可进行如下的划分。

1. 按适用范围

以适用范围为依据，工程建设标准可分为国家标准、行业标准、地方标准、企业标准。

国家标准是指由国家标准化主管机构批准发布，对全国经济、技术具有最大意义的事项，在发布之后在全国范围内施行的标准。需要在全国统一的下列技术要求应当制定国家标准：互换配合、通用技术语言的要求；保障人体健康和人身财产安全的技术要求；基本原料、燃料、材料的技术要求；通用技术构件的技术要求；通用试验、检验方法；通用的技术管理要求；工程建设的重要技术要求；工程建设的重要技术要求；国家需要控制的其他技术要求。

行业标准是指由我国各主管部、委（局）批准发布，在该部门范围内统一适用的标准，其在相应的国家标准实施后自行废止。以下事项可以制定行业标准：技术术语、符号、代号（含代码）、制图方法等；工程建设勘察、规划、设计、施工及验收等重要技术方法；交通运输、资源等的技术要求及管理技术要求等。

地方标准是指没有国家标准和行政标准而需要在本地区实施的标准。地方标准由省、自治区、直辖市人民政府标准化行政主管部门编制计划，组织草拟，统一审批、编号、发布，并报国务院标准化行政主管部门和国务院有关行政主管部门备案。法律对地方标准的制定另有规定的，依照法律的规定执行。地方标准在相应的国家标准或行业标准实施后，自行废止。

企业标准是指对企业范围内需要协调统一的技术要求、管理要求和工作要求所制定的标准。企业标准须报当地政府标准化行政主管部门和有关行政主管部门备案。已有国家标准或者行业标准的，国家鼓励企业制定严于国家标准或者行业标准的企业标准；企业生产的产品没有国家标准、行业标准和地方标准的，应当制定相应的企业标准，作为组织生产的依据。

2. 按约束力

以约束力为依据，工程建设标准可以分为强制性标准和推荐性标准。

保障身体健康、人身安全的法律法规规定的国家标准，省、自治区、直辖市等部门规定的工业产品安全、卫生要求的地方标准为强制性标准；其他标准为推荐性标准。强制性标准一经颁布实施就必须遵守，对造成严重后果或重大损失的单位或个人要处以经济制裁或法律责任。倡导使用推荐性标准。

在工程建设中，属于强制性标准的有：工程建设勘察、规划、设计、施工及竣工验收等通用的综合标准和质量标准；工程建设中有关安全、卫生和环境保护的标号；工程建设重要的术语、代号、符号、量、单位、建筑模数和方法等标准；工程建设重要的检验、试验和评定标准；工程建设重要的信息技术标准；国家控制的其他工程建设标准。

3. 按工程建设的属性

以工程建设的属性为依据，可分为技术标准、管理标准、工作标准、经济标准。

技术标准是指对需要协调统一的技术事项所制定的标准，是对标准化对象的技术特征加以规定的标准，是从事生产建设及商品流通所共同遵守的技术依据。

管理标准是指对需要协调统一的管理事项所制定的标准，管理事项主要包括营销、设计、采购、工艺、生产、检验、能源、安全、卫生环保等内容。

工作标准是指对需要协调统一的工作事项所制定的标准，工作事项主要包括工作岗位的职责、岗位人员基本技能、工作内容、要求与方法、检查与考核等内容。

经济标准指对需要统一协调的经济事项所制定的标准，经济事项主要包括工程概算定额、预算定额、工程造价指标等内容。

（二）强制性标准的实施与监督

根据《实施工程建设强制性标准监督规定》，国务院建设行政主管部门负责全国实施工程建设强制性标准的监督管理工作；国务院有关行政主管部门按照国务院的职能分工负责实施工程建设强制性标准的监督管理工作；县级以上地方人民政府建设行政主管部门负责本行政区域内实施工程建设强制性标准的监督管理工作。

建设项目规划审查机构应当对工程建设规划阶段执行强制性标准的情况实施监督；施工图设计文件审查单位应当对工程建设勘察、设计阶段执行强制性标准的情况实施监督；建筑安全监督管理机构应当对工程建设施工阶段执行施工安全强制性标准的情况实施监督；工程质量监督机构应当对工程建设施工、监理、验收等阶段执行强制性标准的情况实施监督。

建设项目规划审查机关、施工图设计文件审查单位、建筑安全监督管理机构、工程质量监督机构的技术人员必须熟悉、掌握工程建设强制性标准。

工程建设标准批准部门应当定期对建设项目规划审查机关、施工图设计文件审查单位、建筑安全监督管理机构、工程质量监督机构实施强制性标准的监督进行检查，对监督不力的单位和个人，给予通报批评，建议有关部门处理。

（三）推荐性标准的制定与监督

根据《标准化法》，推荐性标准的制定范围包括"对满足基础通用、与强制性国家标准配套、对各有关行业起引领作用等需要的""对没有推荐性国家标准、需要在全国某个行业范围内统一的"，以及"为满足地方自然条件、风俗习惯等特殊"的技术要求。无论是"基础通用""行业引领""地方自然条件、风俗习惯"等技术要求，其对应的产品或服务，在功能和质量上均应在特定范围内符合标准使用者的公共需求[①]。

---

① 汪湖泉、陈懿珂：《论推荐性标准实施的法治理念》，载《标准科学》2021年第2期，第14-18页和第23页。

1. 推荐性标准的制定

推荐性标准由不同类型的政府部门主导制定，由不同专业技术领域的标准化技术委员会或专家组起草。实践中，推荐性标准文本的起草、征求意见和修改完善，主要由标准化技术委员会或专家组掌握，政府部门因人力成本和时间成本的双重不足而只能对标准文本的起草环节进行程序性监督。

2. 推荐性标准的监督

推荐性标准制定发布以后，主要由相关专业领域的政府部门归口管理，标准化技术委员会或专家组需要进行直接的技术支撑，相关标准的产品和服务领域的监管部门、企业或其他经济组织、社会团体、消费者等对推荐性标准的实施进行监督。

（四）违反工程建设强制性标准的法律责任

1. 建设单位违反强制性标准的法律责任

建设单位有下列行为之一的，责令改正，并处以20万元以上50万元以下的罚款：明示或者暗示施工单位使用不合格的建筑材料、建筑构配件和设备的；明示或者暗示设计单位或者施工单位违反工程建设强制性标准，降低工程质量的。

2. 勘察、设计单位违反强制性标准承担的法律责任

勘察、设计单位违反工程建设强制性标准进行勘察、设计的，责令改正，并处以10万元以上30万元以下的罚款。有前述行为，造成工程质量事故的，责令停业整顿，降低资质等级；情节严重的，吊销资质证书；造成损失的，依法承担赔偿责任。

3. 施工单位违反强制性标准承担的法律责任

施工单位违反工程建设强制性标准的，责令改正，处工程合同价款2%以上4%以下的罚款；造成建设工程质量不符合规定的质量标准的，负责返工、修理，并赔偿因此造成的损失；情节严重的，责令停业整顿，降低资质等级或者吊销资质证书。

4. 工程监理单位违反强制性标准承担的法律责任

工程监理单位违反强制性标准规定，将不合格的建设工程及建筑材料、建筑构配件和设备按照合格签字的，责令改正，处50万元以上100万元以下的罚款，降低资质等级或者吊销资质证书；有违法所得的，予以没收；造成损失的，承担连带赔偿责任。违反工程建设强制性标准造成工程质量、安全隐患或者工程事故的，按照《建设工程质量管理条例》的有关规定，对事故责任单位和责任人员进行处罚。

五、建筑工程的竣工验收

（一）竣工验收应当具备的法定条件

《建筑法》规定，交付竣工验收的建筑工程，必须符合规定的建筑工程质量标准，有完整的工程技术经济资料和经签署的工程保修书，并具备国家规定的其他竣工条件。建筑

工程竣工经验收合格后方可交付使用；未经验收或验收不合格的，不得交付使用。

《建设工程质量管理条例》第十六条规定，建设工程竣工验收应当具备下列条件：（1）完成建设工程设计和合同约定的各项内容；（2）有完整的技术档案和施工管理资料；（3）有工程使用的主要建筑材料、建筑构配件和设备的进场试验报告；（4）有勘察、设计、施工、工程监理等单位分别签署的质量合格文件；（5）有施工单位签署的工程保修书。

（二）竣工验收的备案

备案，是向上级主管机关报告事由存案以备查考。建设工程备案，一方面是为了加强工程质量的管理，另一方面是通过备案，建立起政府对建设工程长期有效的监管机制[①]。工程竣工验收备案工作作为工程建设项目管理的最后一道程序，其形成的备案文件材料是工程档案的重要组成部分，也是各级建设行政主管部门日后管理工程的直接依据，因此将工程竣工验收备案工作与工程档案工作结合起来，委托各级城建档案机构管理，对深化建筑工程管理体制，建立健全工程建设长期有效的监管机制十分必要，也具有可操作性。《建设工程质量管理条例》规定，建设单位应当自建设工程竣工验收合格之日起15日内，将建设工程竣工验收报告和规划、公安消防、环保等部门出具的认可文件或者准许使用文件报建设行政主管部门或者其他有关部门备案。建设行政主管部门或者其他有关部门发现建设单位在竣工验收过程中有违反国家有关建设工程质量管理规定行为的，责令停止使用并重新组织竣工验收。

（三）竣工验收备案的时间及须提交的文件

《房屋建筑和市政基础设施工程竣工验收备案管理办法》规定，建设单位应当自工程竣工验收合格之日起 15 日内，依照本办法规定向工程所在地的县级以上地方人民政府建设主管部门（以下简称备案机关）备案。建设单位办理工程竣工验收备案应当提交下列文件：（1）工程竣工验收备案表；（2）工程竣工验收报告。竣工验收报告应当包括工程报建日期、施工许可证号、施工图设计文件审查意见及勘察、设计、施工、工程监理等单位分别签署的质量合格文件、验收人员签署的竣工验收原始文件、市政基础设施的有关质量检测和功能性试验资料以及备案机关认为需要提供的有关资料；（3）法律、行政法规规定应当由规划、环保等部门出具的认可文件或者准许使用文件；（4）法律规定应当由公安消防部门出具的对大型的人员密集场所和其他特殊建设工程验收合格的证明文件；（5）施工单位签署的工程质量保修书；（6）法规、规章规定必须提供的其他文件。住宅工程还应当提交《住宅质量保证书》和《住宅使用说明书》。

《城市地下管线工程档案管理办法》规定，建设单位在地下管线工程竣工验收备案前，应当向城建档案管理机构移交下列档案资料：（1）地下管线工程项目准备阶段文件、监理文件、施工文件、竣工验收文件和竣工图；（2）地下管线竣工测量成果；（3）其他应当归档的文件资料（电子文件、工程照片，录像等）。建设单位向城建档案管理机构移交的

[①] 冯晋萍、张兵：《工程竣工验收备案与工程档案结合管理》，载《山西档案》2003 年第 3 期，第 33 页。

档案资料应当符合《建设工程文件归档整理规范》的要求。

（四）竣工验收备案文件的签收和处理

《房屋建筑和市政基础设施工程竣工验收备案管理办法》规定，备案机关收到建设单位报送的竣工验收备案文件，验证文件齐全后，应当在工程竣工验收备案表上签署文件收讫日期，并将竣工验收备案表一式两份，1份由建设单位保存，1份留备案机关存档。工程质量监督机构应当在工程竣工验收之日起5日内，向备案机关提交工程质量监督报告。备案机关发现建设单位在竣工验收过程中有违反国家有关建设工程质量管理规定行为的，应当在收讫竣工验收备案文件15日内，责令停止使用，重新组织竣工验收。

（五）竣工验收备案违反规定的法律责任

《房屋建筑和市政基础设施工程竣工验收备案管理办法》规定，建设单位在工程竣工验收合格之日起15日内未办理工程竣工验收备案的，备案机关责令限期改正，处20万以上50万元以下罚款。建设单位将备案机关决定重新组织竣工验收的工程，在重新组织竣工验收前擅自使用的，备案机关责令停止使用，处工程合同价款2%以上4%以下罚款。建设单位采用虚假证明文件办理工程竣工验收备案的，工程竣工验收无效，备案机关令停止使用，重新组织竣工验收，处20万元以上50万元以下罚款；构成犯罪的，依法追究刑事责任。备案机关决定重新组织竣工验收并责令停止使用的工程，建设单位在备案之前已投入使用或者建设单位擅自继续使用造成使用人损失的，由建设单位依法承担赔偿责任。

《城市地下管线工程档案管理办法》规定，因建设单位未移交地下管线工程档案造成施工单位在施工中损坏地下管线的，建设单位依法承担相应的责任。

六、建筑工程的质量保修

工程质量保修指对工程竣工验收后在保修期限内出现的质量缺陷予以修复，质量缺陷是指工程的质量不符合工程建设强制性标准以及合同的约定[①]。工程质量保修的特点有四：（1）请求保修的主体特殊。建筑物的使用者由监理、设计、质监部门变为物业部门直至单独的住户，这部分对象专业性偏低，考虑问题多从使用功能、观感等出发。（2）保修的时间漫长。工程保修是一个相对漫长的过程，单个工作时间紧迫，而整体工作分布零散，施工工作量小，有技术间隔，即点多线长。（3）施工主体的水平较低。维修的施工人员配备不会像施工阶段那样完备，施工单位派驻现场的通常是一两个具有一定施工经验的管理人员，对所维修工程的设计构造、施工过程以及规范规定尤其是水电暖专业知识不甚了解。（4）保修内容的多重复。工程保修工作的内容相对集中，多为屋面及厨房、卫生间渗漏、墙体裂缝、外窗外墙渗漏、水泥地面起砂、钢筋保护层偏差等内容。

建筑工程质量保修制度对促进建设各方加强质量管理，保护用户及消费者的合法权益有重要的保障作用。《建筑法》《建设工程质量管理条例》均对建设工程实行质量保修制

[①] 顾永才、屈春丽：《保修制度与缺陷责任制度的异同分析》，载《商业时代》2011年第8期，第98-99页。

度有明确的法律规定。

（一）建筑工程质量保修的范围与期限

《建筑法》规定，建筑工程的保修范围应当包括地基基础工程、主体结构工程、屋面防水工程和其他土建工程，以及电气管线、上下水管线的安装工程，供热、供冷系统工程等项目。当然，不同类型的建设工程，其保修范围有所不同。

建设工程保修期是指在正常使用条件下，建设工期的最低保修期限。《建筑法》规定，保修的期限应当按照保证建筑物合理寿命年限内正常使用、维护使用者合法权益的原则确定。对具体的保修范围和最低保修期限，《建设工程质量管理条例》中作了明确规定。

《建设工程质量管理条例》规定，在正常使用条件下，建设工程的最低保修期限：基础设施工程、房屋建筑的地基基础工程和主体结构工程为设计文件规定的该工程的合理使用年限；屋面防水工程、有防水要求的卫生间、房间和外墙面的防渗漏为5年；供热与供冷系统为2个采暖期、供冷期；电气管线、给排水管道、设备安装和装修工程为2年。其他项目的保修期限由发包方与承包方约定。

（1）地基基础工程和主体结构的保修期。

基础设施工程、房屋建筑的地基基础工程和主体结构工程的质量，直接关系到基础设施工程和房屋建筑的整体安全可靠，必须在该工程的合理使用年限内予以保修，即实行终身负责制。因此，工程合理使用年限就是该工程勘察、设计、施工等单位的质量责任年限。

（2）屋面防水工程、供热与供冷系统等的最低保修期

在《建设工程质量管理条例》中，对屋面防水工程、供热与供冷系统、电气管线、给排水管道、设备安装和装修工程等的最低保修期限分别作出了规定。如果建设单位与施工单位经平等协商另行签订保修合同的，其保修期限可以高于但不能低于法定的最低保修期限，否则无效。建设工程保修期的起始日是竣工验收合格之日。《建设工程质量管理条例》规定，建设行政主管部门或者其他有关部门发现建设单位在竣工验收过程中有违反国家有关建设工程质量管理规定行为的，责令停止使用，重新组织竣工验收。对于重新组织竣工验收的工程，其保修期为各方都认可的重新组织竣工验收的日期。

（3）建设工程超过合理使用年限后需要继续使用的规定

《建设工程质量管理条例》规定，建设工程在超过合理使用年限后需要继续使用的，产权所有人应当委托具有相应资质等级的勘察、设计单位鉴定，并根据鉴定结果采取加固、维修等措施，重新界定使用期。各类工程根据其重要程度、结构类型、质量要求和使用性能等所确定的使用年限是不同的。确定建设工程的合理使用年限，并不意味着超过合理使用年限后建设工程就一定要报废、拆除。经过具有相应资质等级的勘察、设计单位鉴定，制订技术加固措施，在设计文件中重新界定使用期，并经有相应资质等级的施工单位进行加固、维修和补强，该建设工程能达到继续使用条件的就可以继续使用。但是，如果不经鉴定、加固等而违法继续使用的，所产生的后果由产权所有人自负。

（二）建筑工程保修义务的落实和损失赔偿责任的承担

《最高人民法院关于审理建设工程施工合同纠纷案件适用法律问题的解释（一）》第

十八条规定，因保修人未及时履行保修义务，导致建筑物损毁或者造成人身、财产损害的，保修人应当承担赔偿责任。保修人与建筑物所有人或者发包人对建筑物毁损均有过错的，各自承担相应的责任。

建设工程保修的质量问题是指在保修范围和保修期限内的质量问题。对于保修义务的承担和维修的经济责任承担应当按下述原则处理：

（1）施工单位未按照国家有关标准规范和设计要求施工所造成的质量缺陷，由施工单位负责返修并承担经济责任。

（2）由于设计问题造成的质量缺陷，先由施工单位负责维修，其经济责任按有关规定通过建设单位向设计单位索赔。

（3）因建筑材料、构配件和设备质量不合格引起的质量缺陷，先由施工单位负责维修，属于施工单位采购的或经其验收同意的，由施工单位承担经济责任，属于建设单位采购的，由建设单位承担经济责任。

（4）因建设单位（含监理单位）错误管理而造成的质量缺陷，先由施工单位负责维修，其经济责任由建设单位承担；如属监理单位责任，则由建设单位向监理单位索赔。

（5）因使用单位使用不当造成的损坏问题，先由施工单位负责维修，其经济责任由使用单位自行负责。

（6）因地震、台风、洪水等自然灾害或其他不可抗拒原因造成的损坏问题，先由施工单位负责维修，建设参与各方再根据国家具体政策分担经济责任。

（三）保修期内和保修范围内发生质量问题的处理

在保修期内，因房屋建筑工程质量缺陷造成房屋所有人、使用人或第三方人身、财产损害的，房屋所有人、使用人或第三方可以向建设单位提出赔偿要求，建设单位向造成房屋建筑工程质量缺陷的责任方追偿。因保修不及时造成新的人身、财产损害的，由造成拖延的责任方承担赔偿责任。《建设工程质量管理条例》规定建设工程在保修范围和保修期限内发生质量问题的，施工单位应当履行保修义务，并对造成的损失承担赔偿责任。建设工程在超过合理使用年限后需要继续使用的，产权所有人应当委托具有相应资质等级的勘察、设计单位鉴定，并根据鉴定结果采取加固、维修等措施，重新界定使用期。

根据《民法典》，因建设工程质量缺陷造成受害人人身伤害的，侵害人应当赔偿医疗费、因误工减少的收入、残疾者生活补助费等费用；造成受害人死亡的，并应支付丧葬费、抚恤费、死者生前抚养的人所必要的生活费用等。因建设工程质量缺陷造成受害人财产损失的，侵害人除承担返修责任外，对其其他财产损失，应予赔偿。

（四）建筑工程质量保修违法行为的法律责任

《建筑法》规定，建筑施工企业违反本法规定，不履行保修义务的责令改正，可以处以罚款并对在保修期内因屋顶、墙面渗漏、开裂等质量缺陷造成的损失，承担赔偿责任。

《建设工程质量管理条例》规定，施工单位不履行保修义务或者拖延履行保修义务的，责令改正，处10万元以上20万元以下的罚款，并对在保修期内因质量缺陷造成的损失承担赔偿责任。

《建筑业企业资质管理规定》第二十三条中规定，取得建筑业企业资质的企业申请资质升级、资质增项，在申请之日一年内未依法履行工程质量保修义务或拖延履行保修义务的，资质许可机关不予批准企业的资质升级申请和增项申请。

📁 案例

广西 T 建筑安装工程有限公司与 S 科技材料（防城）有限公司建设工程施工合同纠纷上诉案[①]

📁 基本案情

S 科技材料（防城）有限公司（以下简称"S 公司"）与广西 T 建筑安装工程有限公司（以下简称"T 公司"）于 2003 年 7 月 26 日签订《建设工程施工合同（厂房）》约定，S 公司将其位于防城港市彩虹桥右侧的厂房工程承包给 T 公司承建，并由 T 公司承担报建所有部门费用。T 公司于 2004 年 2 月 12 日在尚未完成合同约定的全部工程施工任务的情况下，因工程造价问题与 S 公司协商未果，即单方面正式停止施工，之后也没有复工。S 公司与 T 公司于 2004 年 2 月 24 日共同出具了《委托书》，委托防城港市建设工程造价管理站对 T 公司施工建设的本案厂房工程进行已建完工部分和未建部分工程造价鉴定，按合同价调整工程造价计算得出鉴定结论是：T 公司已完成的工程造价是 1 411 057.66 元；未完成的工程造价是 1 260 510.51 元。按标准定额鉴定 T 公司已经完成的工程总造价为 2 172 283.23 元。

📁 裁判要旨

一审法院认为：S 公司与 T 公司签订了《建设工程施工合同（厂房）》，S 公司已具备了发包工程的主体资格，且建设厂房在起诉前取得了《国有土地使用证》和《建设用地规划许可证》，虽然 S 公司作为建设方没有取得建设工程施工许可证，但在起诉前向建设行政主管部门办理报建已缴纳了建设方应缴纳的部分费用，没有取得该证是由于作为施工单位的 T 公司未缴应由其缴纳的费用，其责任应由 T 公司承担。S 公司的建设工程也取得了建设行政主管部门的认可，因此，应认定 S 公司已具备了法定的发包条件，T 公司亦具有承包建设的主体资格。双方经过长时间的协商达成的合同，应是双方当事人的真实意思表示，双方签订的《建设工程施工合同（厂房）》的内容没有违反国家法律、法规的禁止性规定，故应认定该合同合法有效，对双方当事人均具有约束力。因此，双方的工程款结算应以合同约定造价为依据，T 公司抗辩称应按标准定额鉴定结论就其已完成的工程造价与 S 公司结算，因 T 公司的这一抗辩理由，既无事实依据又无法律依据，不予采纳。因此判决解除双方的《建设工程施工合同（厂房）》，T 公司应向 S 公司支付违约金，S 公司应支付尚欠 T 公司的工程款 82 268.66 元等。

[①] 参见防城港市中级人民法院（2004）防中法民二初字第 32 号民事判决；广西壮族自治区高级人民法院（2005）桂民一终字第 45 号民事判决。

📁 **案件评析**

本案的争议焦点是施工许可证的发放是否影响建设工程施工合同的效力。承包人T公司认为发包人S公司签订《建设工程施工合同（厂房）》时没有取得施工许可证，违反了法律、行政法规的强制性规定，应为无效合同。《最高人民法院关于适用〈中华人民共和国合同法〉若干问题的解释（二）》第十四条规定："合同法第五十二条第（五）项规定的'强制性规定'，是指效力性强制性规定。"合同无效的规范通常可分为管理性规范和效力性规范，违反管理性规范的并不必然无效，违反效力性规范的才是绝对的无效。通常有几个标准来认定相关规定是否属于效力性规范：第一，法律法规明确规定违反禁止性规定导致合同不成立或无效的，属效力性规范。第二，法律法规虽未明确规定，但违反规定使得合同继续有效将导致损害国家利益和公共利益的，属效力性规范。第三，法律法规未明确规定，在不损害公共利益及国家利益的前提下，只是损害当事人的利益的，属管理性规范。就施工许可证对建设工程施工合同的影响而言，《中华人民共和国建筑法》并未明确规定未取得施工许可证会导致《建设工程施工合同》无效。第四，施工许可证的发放是一种行政手段，目的是审查建设单位或承包单位是否具备法律规定的建设或施工条件，未达到这种标准的，应受行政处罚。因此，施工许可证的发放属于管理性规范，不是效力性规范，不影响合同效力。

思考题

1. 简述工程竣工验收的条件。
2. 简述违反竣工验收备案规定的处罚。
3. 简述保修期限内发生质量问题的处理方式。

第二节 建设工程行为主体的质量保障义务与责任

建设工程建设行为的主体包括建设单位、勘察单位、设计单位、施工单位、监理单位，这些单位对建筑工程质量的保障义务及其履行程度，决定了建筑工程的质量状态。这些单位依法承担的质量保障义务与这些单位具体执行任务的工作人员的行为相关，正因如此，《建设工程质量管理条例》规定，建设、勘察、设计、施工、工程监理单位的工作人员因调动工作、退休等原因离开该单位后，被发现在该单位工作期间违反国家有关建设工程质量管理规定，造成重大工程质量事故的，仍应当依法追究法律责任。本节将介绍建设单位、勘察单位、设计单位、施工单位对建筑工程质量的保障义务，监理单位对建筑工程质量的保障义务见下一节工程监理制度中的相关内容。

一、建设单位的质量保障义务及法律责任

建设单位是建筑工程项目的投资者,其有权对承包单位进行选择,有权对建筑项目进行设计、勘探、检查、验收,有权要求被承包方按时支付工程款和费用等,在整个建设活动中居于主导地位。要确保建筑工程的质量,就要对建设单位的行为进行规范,其对所建筑工程要承担法定的保障义务和相应的法律责任。

(一)建设单位的质量保障义务

1. 将工程发包给依法取得从业资质的单位承担

工程建设活动不同于一般的经济活动,从业单位的素质高低不仅直接影响着建设工程质量,反映了企业从事某项工程建设活动的资格和能力,对于公民的生活和生命健康安全也有着直接的影响。将工程发包给具有相应资质等级的单位来承担,是保证建设工程质量的基本前提。因此,从事工程建设活动必须符合严格的资质条件。《建设工程勘察设计资质管理规定》《建筑业企业资质管理规定》《工程监理企业资质管理规定》等,对工程勘察单位、工程设计单位、施工企业和工程监理单位的资质等级、资质标准、业务范围等做出了明确规定。如果建设单位将工程发包给没有资质等级或资质等级不符合条件的单位,不仅扰乱了建设市场秩序,影响工程质量,而且会对公民的生活和生命健康安全造成极大的威胁。

2. 依法发包工程

分包工程对于建筑质量有着深刻的影响,因此国家对于建筑工程有着严格的规定,建设单位必须依法分包工程。《建筑法》第二十八条规定,禁止承包单位将其承包的全部建筑工程转包给他人,禁止承包单位将其承包的全部建筑工程肢解以后以分包的名义分别转包给他人。《建设工程质量管理条例》第七条、第八条规定,建设单位应当将工程发包给具有相应资质等级的单位。建设单位不得将建设工程肢解发包。建设单位应当依法对工程建设项目的勘察、设计施工、监理以及与工程建设有关的重要设备、材料等的采购进行招标。建设单位发包工程时,应该根据工程特点,以有利于工程的质量,进度、成本控制为原则,合理划分标段,但不得肢解发包工程。如果将应当由一个承包单位完成的工程肢解成若干部分,分别发包给不同的承包单位,将使整个工程建设在管理和技术上缺乏应有的统筹协调,从而造成施工现场秩序的混乱,责任不清,严重影响建设工程质量,一旦出现问题也很难找到责任方。建设单位还要依照《招标投标法》等有关规定,对必须实行招标的工程项目进行招标,择优选定工程勘察、设计、施工、监理单位以及采购重要设备、材料等。

3. 依法向有关单位提供原始资料

原始资料是最能真实直观地反映一个建筑工程真实情况的一手材料,对于后续工作的展开有着重要的影响,依法向有关单位提供原始资料也是建筑单位的一个重要职责。《建设工程质量管理条例》第九条规定,建设单位必须向有关的勘察、设计、施工、工程监理

等单位提供与建设工程有关的原始资料。原始资料必须真实、准确、齐全。

4. 限制不合理的干预行为

《建筑法》规定，建设单位不得以任何理由要求建筑设计单位或者建筑施工企业在工程设计或者施工作业中违反法律、行政法规和建筑工程质量、安全标准，降低工程质量。《建设工程质量管理条例》进一步规定，建设工程发包单位不得迫使承包方以低于成本的价格竞标，不得任意压缩合理工期。建设单位不得明示或者暗示设计单位或者施工单位违反工程建设强制性标准，降低建设工程质量。成本是构成价格的主要部分，是承包方估算投标价格的依据和最低的经济底线。如果建设单位一味强调降低成本，迫使承包方互相压价，以低于成本的价格中标，势必会导致中标单位在承包工程后，为了减少开支、降低成本而采取偷工减料、以次充好、粗制滥造等手段，最终导致建设工程出现质量问题，影响投资效益的发挥。建设单位也不得任意压缩合理工期，合理工期是指在正常建设条件下采取科学合理的施工工艺和管理方法，以现行的工期定额为基础，结合工程项目建设的实际，经合理测算和平等协商而确定的使参与各方均获满意的经济效益的工期。如果盲目要求赶工期，势必会简化工序，不按规程操作，从而导致建设工程出现质量问题等诸多问题。建设单位更不得以任何理由，如建设资金不足、工期紧等违反强制性标准的规定，要求设计单位降低设计标准，或者要求施工单位采用建设单位采购的不合格材料设备等。

5. 依法报审施工设计文件

《建设工程质量管理条例》第十一条规定，施工图设计文件审查的具体办法，由国务院建设行政主管部门、国务院其他有关部门制定。施工图设计文件未经审查批准的不得使用。施工图设计文件是设计文件的重要内容，是编制施工图预算、安排材料、设备订货和非标准设备制作，进行施工、安装和工程验收等工作的依据。施工图设计文件一经完成，建设工程最终所要达到的质量，尤其是地基基础和结构的安全性就有了保障。因此，施工图设计文件的质量直接影响建设工程的质量。开展对施工图设计文件的审查，既可以对设计单位的成果进行质量控制，也能纠正参与建设活动各方特别是建设单位的不规范行为。

6. 依法办理工程质量监督手续

《建设工程质量管理条例》第十三条规定，建设单位在开工前，应当按照国家有关规定办理工程质量监督手续。工程质量监督手续可以与施工许可证或者开工报告合并办理。办理工程质量监督手续是法定程序，不办理质量监督手续的，不发施工许可证。工程不得开工。因此，建设单位在领取施工许可证或者开工报告之前，应当依法到建设行政主管部门或铁路、交通、水利等有关管理部门，或其委托的工程质量监督机构办理工程质量监督手续，接受政府主管部门的工程质量监督。建设单位办理工程质量监督手续，应提供以下文件和资料：①工程规划许可证；②设计单位资质等级证书；③监理单位资质等级证书、监理合同及《工程项目监理登记表》；④施工单位资质等级证书及营业执照副本；⑤工程勘察设计文件；⑥中标通知书及施工承包合同等。

7. 依法保证建筑材料等符合要求

《建设工程质量管理条例》第十四条规定，按照合同约定，由建设单位采购建筑材料、建筑构配件和设备的，建设单位应当保证建筑材料、建筑构配件和设备符合设计文件和合同要求。建设单位不得明示或者暗示施工单位使用不合格的建筑材料、建筑构配件和设备。在工程实践中，根据工程项目设计文件和合同要求的质量标准，哪些材料和设备由建设单位采购，哪些材料和设备由施工单位采购，应该在合同中明确约定，并且实行"谁采购、谁负责"原则。由建设单位采购建筑材料、建筑构配件和设备的，建设单位必须保证建筑材料、建筑构配件和设备符合设计文件和合同要求。对于建设单位负责供应的材料设备，在使用前施工单位应当按照规定对其进行检验和试验，如果不合格，不得在工程上使用并应通知建设单位予以退换。有些建设单位为了赶进度或降低采购成本，常以各种明示或暗示的方式要求施工单位降低标准而在工程上使用不合格的建筑材料、建筑构配件和设备。此类行为不仅严重违法，而且危害极大，因此依法保证建筑材料等符合要求也是建设单位的一个重要义务。

8. 依法进行装修工程

随意拆改建筑主体结构和承重结构等会危及建设工程安全和人民生命财产安全。因此，《建设工程质量管理条例》第十五条规定，涉及建筑主体和承重结构变动的装修工程，建设单位应当在施工前委托原设计单位或者具有相应资质等级的设计单位提出设计方案；没有设计方案的不得施工。房屋建筑使用者在装修过程中，不得擅自变动房屋建筑主体和承重结构。建筑设计方案是根据建筑物的功能要求，具体确定建筑标准、结构形式、建筑物的空间和平面布置以及建筑群体的安排。对于涉及建筑主体和承重结构变动的装修工程，设计单位会根据结构形式和特点，对结构受力进行分析，对构件的尺寸、位置、配筋等重新进行计算和设计。因此，建设单位应当委托该建筑工程的原设计单位或者具有相应资质条件的设计单位提出装修工程的设计方案。如果没有设计方案就擅自施工，将留下质量隐患甚至造成质量事故，后果严重。房屋使用者在装修过程中，也不得擅自变动房屋建筑主体和承重结构，如拆除隔墙、窗洞改门洞等，都是不允许的。

（二）建设单位违反质量保障义务的法律责任

1. 违反建筑许可制度的法律规定的法律责任

《建筑法》规定，建设工程竣工验收后，建设单位未向建设行政主管部门或者其他有关部门移交建设项目档案的，责令改正，处 1 万元以上 10 万元以下的罚款。承包单位有前述规定的违法行为的，对因转包工程或者违法分包的工程不符合规定的质量标准造成的损失，与接受转包或者分包的单位承担连带赔偿责任。

2. 违反依法发包工程的法律责任

《建筑法》第六十五条规定，发包单位将工程发包给不具有相应资质条件的承包单位的，或者违反本法规定将建筑工程肢解发包的，责令改正，处以罚款。超越本单位资质等级承揽工程的，责令停止违法行为，处以罚款，可以责令停业整顿，降低资质等级；情节严重的，吊销资质证书；有违法所得的，予以没收。未取得资质证书承揽工程的，予以取缔，并处罚款；有违法所得的，予以没收。以欺骗手段取得资质证书的，吊销资质证书，处以罚款；构成犯罪的，依法追究刑事责任。《建筑法》第六十七条规定，承包单位将承包的工程转包的，或者违反《建筑法》规定进行分包的，责令改正，没收违法所得，并处罚款，可以责令停业整顿，降低资质等级；情节严重的，吊销资质证书。承包单位有前述规定的违法行为的，对因转包工程或者违法分包的工程不符合规定的质量标准造成的损失，与接受转包或者分包的单位承担连带赔偿责任。《建设工程质量管理条例》第五十四条规定，建设单位将建设工程发包给不具有相应资质等级的勘察、设计、施工单位或者委托给不具有相应资质等级的工程监理单位的，责令改正，处 50 万元以上 100 万元以下的罚款。《建筑工程质量管理条例》第五十五规定，违反规定，建设单位将建设工程肢解发包的，责令改正，处工程合同价款 0.5%以上 1%以下的罚款；对全部或者部分使用国有资金的项目，可以暂停项目执行或者暂停资金拨付。

3. 违反安全生产的法律责任

《建筑法》第七十二条规定，建设单位违反规定，要求建筑设计单位或者建筑施工企业违反建筑工程质量、安全标准，降低工程质量的，责令改正，可以处以罚款；构成犯罪的，依法追究刑事责任。

4. 建设单位其他违法行为应承担的法律责任

《建设工程质量管理条例》第五十六条规定，建设单位有下列行为之一的，责令改正，处 20 万元以上 50 万元以下的罚款：①迫使承包方以低于成本的价格竞标的；②任意压缩合理工期的；③明示或者暗示设计单位或者施工单位违反工程建设强制性标准，降低工程质量的；④施工图设计文件未经审查或者审查不合格，擅自施工的；⑤建设项目必须实行工程监理而未实行工程监理的；⑥未按照国家规定办理工程质量监督手续的；⑦明示或者暗示施工单位使用不合格的建筑材料、建筑构配件和设备的；⑧未按照国家规定将竣工验收报告有关认可文件或者准许使用文件报送备案的。《建筑法》第五十八条规定，建设单位有下列行为之一的，责令改正，处工程合同价款 2%以上 4%以下的罚款；造成损失的，依法承担赔偿责任：未组织竣工验收，擅自交付使用的；验收不合格，擅自交付使用的；对不合格的建设工程按照合格工程验收的。

二、勘察单位的质量保障义务及法律责任

工程勘察是根据工程建设要求，查明分析、评价建筑场地的建设条件，编制工程建设勘察设计文件的活动。建设工程的勘察是为了满足建筑工程的设计、施工、运营及综合治理的要求。在工程勘察过程当中应当对地质、水文等要素进行测绘、勘察、测试以及综合评定，并提供可行性评价和建设所需要的勘察成果资料。勘察是建设工程各环节的基础，勘察单位履行质量保障义务对保证建设工程质量至关重要。

（一）勘察单位的质量保障义务

1. 取得勘察资质并在资质范围内从事勘察事务

取得勘察资质是从事勘察事务的前提，勘察资质是国家相关单位对勘察单位的条件进

行评估,并授予相应等级的勘察资质,只有在勘察资质内从事勘察的相关事务才能保证勘察的质量,因此在勘察资质的范围内从事勘察的相关事务是勘察单位的首要义务。勘察、设计单位不得超越其资质等级许可的范围或者以其他勘察、设计单位的名义承揽工程,不得允许其他个人或企业以本单位的名义承揽工程。勘察、设计单位不得转包或者违法分包所承揽的工程。

2. 严格依据强制性标准从事勘察事务

强制性标准是直接涉及工程质量、安全、卫生及环境保护等方面的工程建设标准强制性条文,只有满足强制性标准才能有效地保证建设工程质量,才能保证工程安全、卫生及环境等多方面的需求,因此勘察单位必须严格执行。工程勘察文件要反映工程地质、地形地貌、水文地质状况,其勘察成果必须真实准确。

3. 提供的资料必须真实准确

工程勘察通过测量、测绘、观察、调查、钻探、试验、测试、鉴定、分析资料和综合评价等工作查明场地的地形、地貌、地质、岩性、地质构造、地下水条件和自然或人工地质现象,包括提出基础、边坡等工程的设计准则和工程施工的指导意见和解决岩土工程问题的建议,进行必要的岩土工程治理。工程勘察成果文件是设计和施工的基础资料和重要依据,真实准确的勘察成果对设计和施工的安全性和是否保守、浪费有直接的影响,因此工程勘察成果必须真实准确、安全可靠和经济合理[①]。

4. 建立质量保证体系

勘察设计单位应当树立责任意识,增强勘察的深度和准确度,加强勘察的质量控制,建立健全质量保证体系。

(二)勘察单位违反质量保障义务的法律责任

1. 违反资质管理制度的法律责任

《建设工程质量管理条例》第六十条规定,勘察单位超越本单位资质等级承揽工程的,责令停止违法行为,对勘察单位处合同约定的勘察费1倍以上2倍以下的罚款;情节严重的,吊销资质证书;有违法所得的,予以没收。《建设工程质量管理条例》第六十一条规定,勘察单位允许其他单位或者个人以本单位名义承揽工程的,责令改正,没收违法所得,对勘察单位处合同约定的勘察费1倍以上2倍以下的罚款;可以责令停业整顿,降低资质等级;情节严重的,吊销资质证书。

2. 违反强制性标准进行勘察的法律责任

《建设工程质量管理条例》第六十三条规定,勘察单位未按照工程建设强制性标准进行勘察的,责令改正,处10万元以上30万元以下的罚款;造成工程质量事故的,责令停业整顿,降低资质等级;情节严重的,吊销资质证书;造成损失的,依法承担赔偿责任。

---

① 郝恩武、马春明:《浅析勘察设计单位的质量责任和义务》,载《中国西部科技》2010年第9期,第67-68页。

三、设计单位的质量保障义务及法律责任

工程设计是指根据工程建设的要求,对建筑工程所需的技术、经济资源、环境等条件进行综合分析、论证、编制建设工程设计文件的活动,是建设工程各环节的灵魂。

(一)设计单位的质量保障义务

1. 依法承揽设计业务

设计行业作为一个特殊的行业,有着严格的准入标准,从事设计的前提是取得设计的相关资质并在设计的资质范围内进行设计,只有依法在资质范围内从事设计行业,才能保证设计质量。设计单位应当对自己的设计质量负责,严禁超越设计资质进行设计,严禁将自己的设计资质转让给他人以及超越资质进行设计的行为,禁止转包和违法分包的行为。

2. 执行强制性标准

强制性标准是与人身、财产安全紧密相关的以及法律、行政法规规定强制执行的标准,对于公民的身体、生命、健康及经济有重要影响,违反强制性标准不仅可能面临不利的法律后果,对于后续的施工以及公民的人身、财产安全都有着重要的影响,因此设计单位必须按照强制性标准进行设计并对设计质量负责。设计单位要根据勘察成果文件进行设计,设计文件的深度应该符合国家的规定,满足相应设计阶段的技术要求,并注明工程合理使用年限[1];所完成的施工图应该配套,细部节点应交代清楚,标注说明应清晰、完整。设计所选用的建筑材料、建筑构配件和设备,应注明规格、型号、性能等技术指标,其质量必须符合国家规定的标准;除有特殊要求的建筑材料、专用设备、工艺生产线等外,设计单位不得指定生产厂家或供应商。

3. 选择符合国家质量标准的建筑材料

建筑材料的选择是设计的一个重要部分,国家对于建筑材料的质量标准是最低的质量标准,是设计者必须考虑的因素,建筑选材的优劣不仅体现着设计者设计能力的高低,而且对于施工的质量、最终建筑的安全性能等都有着重要的影响,因此建筑材料的选择必须符合国家质量标准。

4. 依法对设计文件进行说明

设计者作为对设计文件最为熟悉的主体,能最高效率地对设计文件进行说明,并通过对设计文件的说明及与施工单位等主体的交流发现设计当中存在的问题,并对设计文件进行修改完善,因此依法对设计文件进行说明也是设计单位的一个重要义务。《建设工程质量管理条例》第二十三条规定,设计单位应当就审查合格的施工图设计文件向施工单位作出详细说明。关于设计文件的说明,通常的做法是完成设计文件后,通过建设单位发给施工单位,再由设计单位将设计的意图、特殊的工艺要求以及建筑、结构、设备等各专业在

---

[1] 吴强、苏光柱:《谈设计单位在建设工程质量损害赔偿中的责任》,载《山西建筑》2009年第35卷第10期,第211-212页。

施工中的难点、疑点和容易发生的问题等向施工单位作详细说明，并负责解释施工单位对设计图纸的疑问。对设计文件进行技术交底是设计单位的重要义务，这对于确保工程质量有重要的意义，因此设计应当认真履职，使设计文件能够达到最佳效果。

5. 依法参与建设工程质量事故分析

参与建筑工程质量事故分析对于设计者发现设计中的问题以及总结设计经验有着重要意义，因此依法参与建设工程质量事故分析也是设计单位的一个重要义务。《建设工程质量管理条例》第二十四条规定，设计单位应当参与建设工程质量事故分析，并对因设计造成的质量事故，提出相应的技术处理方案。工程质量的好坏与工程建设的设计密切相关，设计单位是对建筑物设计最熟悉的主体，如果发生了质量事故，其设计单位最有可能在短时间内发现存在的问题且对事故发生的原因最具有解释权，这对及时进行事故处理十分有利。对因设计造成的质量事故，原设计单位必须提出相应的技术处理方案，这是设计单位的法定义务。

（二）设计单位违反质量保障义务的法律责任

1. 违法承揽设计业务的法律责任

《建设工程质量管理条例》第六十条规定，违反规定，勘察、设计、施工、工程监理单位超越本单位资质等级承揽工程的，责令停止违法行为，对勘察、设计单位或者工程监理单位处合同约定的勘察费、设计费或者监理酬金1倍以上2倍以下的罚款；对施工单位处工程合同价款2%以上4%以下的罚款，可以责令停业整顿，降低资质等级；情节严重的，吊销资质证书；有违法所得的，予以没收。未取得资质证书承揽工程的，予以取缔，依照前述规定处以罚款；有违法所得的，予以没收。以欺骗手段取得资质证书承揽工程的，吊销资质证书，依照规定处以罚款；有违法所得的，予以没收。《建设工程质量管理条例》第六十一条规定，勘察、设计、施工、工程监理单位允许其他单位或者个人以本单位名义承揽工程的，责令改正，没收违法所得，对勘察、设计单位和工程监理单位处合同约定的勘察费、设计费和监理酬金1倍以上2倍以下的罚款；对施工单位处工程合同价款2%以上4%以下的罚款；可以责令停业整顿，降低资质等级；情节严重的，吊销资质证书。

2. 违反质量标准进行设计应承担的法律责任

《建筑法》第七十三条规定，建筑设计单位不按照建筑工程质量、安全标准进行设计的，责令改正，处以罚款；造成工程质量事故的，责令停业整顿、降低资质等级或者吊销资质证书，没收违法所得，并处罚款；造成损失的，承担赔偿责任；构成犯罪的，依法追究刑事责任。

3. 违反强制性标准等应承担的法律责任

《建设工程质量管理条例》第六十三条规定，有下列行为之一的，责令改正，处10万元以上30万元以下的罚款：设计单位未根据勘察成果文件进行工程设计的；设计单位指定建筑材料、建筑构配件的生产厂、供应商的；设计单位未按照工程建设强制性标准进行设计的。有前述所列的行为，造成工程质量事故的，责令停业整顿，降低资质等级；情节严重的，吊销资质证书；造成损失的，依法承担赔偿责任。

四、施工单位的质量保障义务及法律责任

（一）施工单位的质量保障义务

1. 按执业资质等级承揽施工的工程

施工单位作为建筑工程中重要的主体之一，有着严格的准入标准。施工单位必须在其资质等级许可的范围内承揽工程施工任务，不得超越本单位资质等级许可的业务范围或以其他施工单位的名义承揽工程。禁止施工单位允许其他单位或个人以本单位的名义承揽工程。施工单位也不得将自己承包的工程再进行转包或非法分包。

2. 对施工工程的质量负责

《建筑法》第五十八条第一款规定，建筑施工企业对工程的施工质量负责。《建设工程质量管理条例》第二十六条中进一步规定，施工单位对建设工程的施工质量负责。施工单位应当建立质量责任制，确定工程项目的项目经理、技术负责人和施工管理负责人。施工单位的质量责任制是其质量保证体系的一个重要组成部分，也是施工质量目标得以实现的重要保证。建立质量责任制主要包括制定质量目标计划，建立考核标准，并层层分解落实到具体的责任单位和责任人，特别是工程项目的项目经理、技术负责人和施工管理负责人。落实质量责任制，不仅为了在出现质量问题时可以追究责任，还为了通过层层落实质量责任制，做到事事有人管、人人有职责，加强对施工过程的全面质量控制，保证建设工程的施工质量。

3. 总分包单位的质量保障义务

施工单位应当依法对建筑工程进行总分包，并且对工程质量负责。《建筑法》规定，建筑工程实行总承包的，工程质量由工程总承包单位负责，总承包单位将建筑工程分包给其他单位的，应当对分包工程的质量与分包单位承担连带责任。分包单位应当接受总承包单位的质量管理。《建设工程质量管理条例》进一步规定，建设工程实行总承包的，总承包单位应当对全部建设工程质量负责；建设工程勘察、设计、施工、设备采购的一项或者多项实行总承包的，总承包单位应当对其承包的建设工程或者采购的设备的质量负责。总承包单位依法将建设工程分包给其他单位的，分包单位应当按照分包合同的约定对其分包工程的质量向总承包单位负责，总承包单位与分包单位对分包工程的质量承担连带责任。

4. 对建设材料、设备等进行检验检测

建筑材料、设备对于建筑工程质量有着重要的影响，是否对建筑材料、设备进行检验检测，对于后续工作的开展、建筑工程质量的好坏有着重要的影响，因此施工单位具有对建筑材料、设备等进行检测的义务。《建筑法》第五十九条规定，建筑施工企业必须按照工程设计要求、施工技术标准和合同的约定，对建筑材料、建筑构配件和设备进行检验、不合格的不得使用。《建设工程质量管理条例》第二十九条进一步规定，施工单位必须按照工程设计要求、施工技术标准和合同约定，对建筑材料、建筑构配件、设备和商品混凝

土进行检验，检验应当有书面记录和专人签字；未经检验或者检验不合格的，不得使用。施工单位对进入施工现场的建筑材料、建筑构配件、设备和商品混凝土实行检验制度，是施工单位质量保证体系的重要组成部分，也是保证施工质量的重要前提。施工单位应当严把两道关：一是谨慎选择生产供应厂商；二是实行进场二次检验。对于未经检验或检验不合格的，不得在施工中用于工程。否则，将构成违法，并追究擅自使用或批准使用人的法律责任。

5. 施工检测的见证取样和送检义务

《建设工程质量管理条例》第三十一条规定，施工人员对涉及结构安全的试块、试件以及有关材料，应当在建设单位或者工程监理单位监督下现场取样，并送具有相应资质等级的质量检测单位进行检测。

（1）见证取样和送检。

所谓见证取样和送检，是指在建设单位或工程监理单位人员的见证下，由施工单位的现场试验人员对工程中涉及结构安全的试块、试件和材料在现场取样，并送至具有法定资格的质量检测单位进行检测的活动。《房屋建筑工程和市政基础设施工程实行见证取样和送检的规定》中规定，涉及结构安全的试块、试件和材料见证取样和送检的比例不得低于有关技术标准中规定应取样数量30%。下列试块、试件和材料必须实施见证取样和送检：①用于承重结构的混凝土试块；②用于承重墙体的砌筑砂浆试块；③用于承重结构的钢筋及连接接头试件；④用于承重墙的砖和混凝土小型砌块；⑤用于拌制混凝土和砌筑砂浆的水泥；⑥用于承重结构的混凝土中使用的掺加剂；⑦地下、屋面、厕浴间使用的防水材料；⑧国家规定必须实行见证取样和送检的其他试块、试件和材料。见证人员应由建设单位或该工程的监理单位具备施工试验知识的专业技术人员担任，并由建设单位或该工程的监理单位书面通知施工单位、检测单位和负责该项工程的质量监督机构。在施工过程中，见证人员应按照见证取样和送检计划，对施工现场的取样和送检进行见证。取样人员应在试样或其包装上做出标识、封志。标识和封志应标明工程名称、取样部位、取样日期、样品名称和样品数量，并由见证人员和取样人员签字。见证人员和取样人员应对试样的代表性和真实性负责。

（2）工程质量检测单位的资质和检测规定。根据《建设工程质量检测管理办法》的相关规定，工程质量检测机构是具有独立法人资格的中介机构。按照其承担的检测业务内容分为专项检测机构资质和见证取样检测机构资质。检测机构未取得相应的资质证书，不得承担本办法规定的质量检测业务。质量检测业务由工程项目建设单位委托具有相应资质的检测机构进行检测。委托方与被委托方应当签订书面合同。检测机构完成检测业务后，应当及时出具检测报告。检测报告经检测人员签字、检测机法定代表人或者其授权的签字人签署，并加盖检测机构公章或者检测专用章后方可生效。检测报告经建设单位或者工程监理单位确认后，由施工单位归档。任何单位和个人不得明示或者暗示检测机构出具虚假检测报告，不得篡改或者伪造检测报告。如果检测结果利害关系人对检测结果发生争议的，由双方共同认可的检测机构复检，复检结果由提出复检方报当地建设主管部门备案。检测机构应当将检测过程中发现的建设单位、监理单位、施工单位违反有关法律、法规和工程建设强制性标准的情况，以及涉及结构安全检测结果的不合格情况，及时报告工程所在地建设主管部门。检测机构应当建立档案管理制度并应当单独建立检测结果不合格项目。检测人员不得同时受聘于两个或者两个以上的检测机构。检测机构不得与行政机关，法律、法规授权的具有管理公共事务职能的组织以及所检测工程项目相关的设计单位施工单位、监理单位有隶属关系或者其他利害关系，不得转包检测业务，应当对其检测数据和检测报告的真实性和准确性负责。检测机构违反法律、法规和工程建设强制性标准，给他人造成损失的，应当依法承担相应的赔偿责任。

6. 施工中进行质量检验

施工质量检验，通常是指工程施工过程中工序质量检验（或称为过程检验），包括预检、自检、交接检、专职检、分部工程中间检验以及隐蔽工程检验等。《建设工程质量管理条例》第三十条规定，施工单位必须建立、健全施工质量的检验制度，严格工序管理，做好隐蔽工程的质量检查和记录。隐蔽工程在隐蔽前，单位应当通知建设单位和建设工程质量监督机构。应当严格工序质量检验和管理。施工工序也称为过程，各个工序或过程之间横向和纵向的联系形成了工序网络或过程网络。任何一项工程的施工都是通过一个由许多工序或过程组成的工序（或过程）网络来实现的。网络上的关键工序或过程很有可能对工程最终的施工质量产生决定性的影响。如焊接节点的破坏就可能引起桁架破坏，从而导致屋面坍塌。所以，施工单位要加强对施工工序或过程的质量控制，特别是要加强影响结构安全的地基和结构等关键施工过程的质量控制。要强化隐蔽工程质量检查。隐蔽工程是指在施工过程中某一道工序所完成的工程实物，被后一工序形成的工程实物所隐蔽，而且不可以逆向作业的那部分工程。除专用合同条款另有约定外，工程隐蔽部位经承包人自检确认具备覆盖条件的，承包人应在共同检查前 48 小时书面通知监理人检查，通知中应载明隐蔽检查的内容、时间和地点，并应附有自检记录和必要的检查资料。监理人应按时到场并对隐蔽工程及其施工工艺、材料和工程设备进行检查。经监理人检查确认质量符合隐蔽要求，并在验收记录上签字后，承包人才能进行覆盖。经监理人检查质量不合格的，承包人应在监理人指示的时间内完成修复，并由监理人重新检查，由此增加费用和（或）延误的工期的责任由承包人承担。除专用合同条款另有约定外，监理人不能按时进行检查的，应在检查前 24 小时向承包人提交书面延期要求，但延期不能超过 48 小时，由此导致工期延误的，工期应予以顺延。监理人未按时进行检查，也未提出延期要求的，视为隐蔽工程检查合格，承包人可自行完成覆盖工作，并作相应记录报送监理人，监理人应签字确认。监理人事后对检查记录有疑问的，可按重新检查的约定重新检查。

7. 对施工工程的返修义务

返修是施工单位的一个重要义务，对于建筑工程质量有重要的保障作用，因此施工单位应当认真履行好建筑工程的保修义务。《建筑法》第六十条中规定，对已发现的质量缺陷，建筑施工企业应当修复。《建设工程质量管理条例》第三十二条进一步规定，施工单位对施工中出现质量问题的建设工程或者竣工验收不合格的建设工程，应当负责返修。《民法典》也有相应规定，因施工人的原因致使建设工程质量不符合约定的，发包人有权要求施工人在合理期限内无偿修理或者返工、改建。作为施工单位的法定义务，返工、修理的对

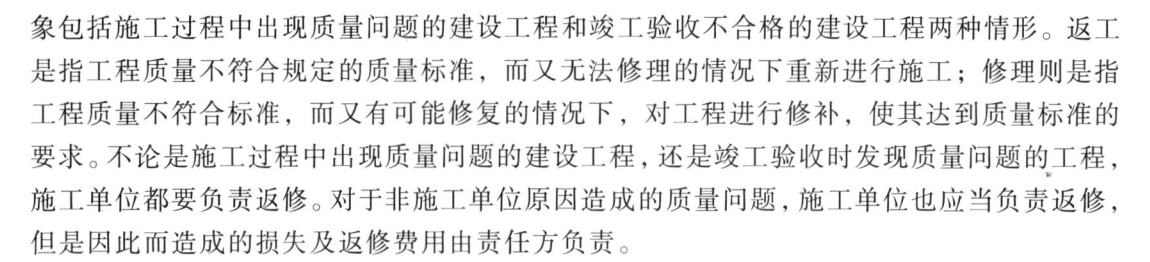

象包括施工过程中出现质量问题的建设工程和竣工验收不合格的建设工程两种情形。返工是指工程质量不符合规定的质量标准，而又无法修理的情况下重新进行施工；修理则是指工程质量不符合标准，而又有可能修复的情况下，对工程进行修补，使其达到质量标准的要求。不论是施工过程中出现质量问题的建设工程，还是竣工验收时发现质量问题的工程，施工单位都要负责返修。对于非施工单位原因造成的质量问题，施工单位也应当负责返修，但是因此而造成的损失及返修费用由责任方负责。

8. 对职工进行安全质量教育培训

职工是施工单位的最重要主体，职工技术的高低、安全意识的强弱，对于工程质量的好坏和安全事故是否发生有着重要的影响。施工单位应承担职工教育培训的职责。《建设工程质量管理条例》第三十三条规定，施工单位应当建立、健全教育培训制度，加强对职工的教育培训；未经教育培训或者考核不合格的人员，不得上岗作业。施工单位建立、健全教育培训制度，加强对职工的教育培训，是企业重要的基础工作之一。由于施工单位从事一线施工活动的人员大多来自农村，教育培训的任务十分艰巨。施工单位的教育培训通常包括各类质量教育和岗位技能培训等。应先培训，后上岗，特别是与质量工作有关的人员，如总工程师、项目经理、质量体系内审员、质量检查员、施工人员、材料试验和检测人员和关键技术工种如焊工、钢筋工、混凝土工等，未经培训或者培训考核不合格的人员，不得上岗工作或作业。

（二）施工单位违反质量保障义务的法律责任

1. 使用不合格建筑材料等应承担的法律责任

《建设工程质量管理条例》第六十四条规定，施工单位在施工中偷工减料的，使用不合格的建筑材料、建筑构配件和设备的，或者有不按照工程设计图纸或者施工技术标准施工的其他行为的，责令改正，处工程合同价款2%以上4%以下的罚款；造成建设工程质量不符合规定的质量标准的，负责返工、修理，并赔偿因此造成的损失；情节严重的，责令停业整顿，降低资质等级或者吊销资质证书。《建筑法》第七十四条规定，建筑施工企业在施工中偷工减料的，使用不合格的建筑材料、建筑构配件和设备的，或者有其他不按照工程设计图纸或者施工技术标准施工的行为的，责令改正，处以罚款；情节严重的，责令停业整顿，降低资质等级或者吊销资质证书；造成建筑工程质量不符合规定的质量标准的，负责返工、修理，并赔偿因此造成的损失；构成犯罪的，依法追究刑事责任。

2. 违反检测义务应承担的法律责任

《建设工程质量管理条例》第六十五条规定，施工单位未对建筑材料、建筑构配件、设备和商品混凝土进行检验，或者未对涉及结构安全的试块、试件以及有关材料取样检测的，责令改正，处10万元以上20万元以下的罚款；情节严重的，责令停业整顿，降低资质等级或者吊销资质证书；造成损失的，依法承担赔偿责任。

3. 违反保修义务应承担的法律责任

《建设工程质量管理条例》第六十六条规定，施工单位不履行保修义务或者拖延履行保修义务的，责令改正，处 10 万元以上 20 万元以下的罚款，并对在保修期内因质量缺陷造成的损失承担赔偿责任。《建筑法》第七十五条规定，建筑施工企业不履行保修义务或者拖延履行保修义务的，责令改正，可以处以罚款，并对在保修期内因屋顶、墙面渗漏、开裂等质量缺陷造成的损失，承担赔偿责任。

4. 不对建筑设施隐患采取措施的法律责任

《建筑法》第七十一条规定，建筑施工企业违反规定，对建筑安全事故隐患不采取措施予以消除的，责令改正，可以处以罚款；情节严重的，责令停业整顿，降低资质等级或者吊销资质证书；构成犯罪的，依法追究刑事责任。建筑施工企业的管理人员违章指挥、强令职工冒险作业，因而发生重大伤亡事故或者造成其他严重后果的，依法追究刑事责任。

案例

西宁市城中区人民检察院诉王某、韩某等重大责任事故罪案

基本案情

2020 年 6 月 8 日，被告人王某在未取得相关手续、未要求住户在施工期间搬离房屋的情况下，将其位于本市××区加盖房屋工程承包给明知无建筑资质的被告人韩某、白某。后韩某、白某将工程转包给明知无建筑资质的被告人彭某，由韩某、白某提供建筑材料、负责工程的总体施工事宜，彭某负责雇佣施工工人、现场施工的具体工作。2020 年 6 月 9 日，韩某、白某、彭某等人为了便于施工，雇佣吊车将购买的建筑材料运输至二楼楼顶。2020 年 6 月 11 日 3 时许，该房屋二楼楼顶预制板堆放大量建筑材料，致使该房屋二楼楼顶预制板断裂，建筑物残块掉落一楼，导致一楼住户夏某 1、夏某 2 被建筑物残块埋压死亡。经鉴定：夏某 1、夏某 2 系躯体被埋压致窒息死亡。经鉴定：根据现场检测情况分析，王某房屋局部倒塌原因如下：（1）二层 13-14BD 轴屋面预制板施工荷载过大是造成事故发生的主要原因；（2）王某房屋为自建屋，建造标准较低，预制板端与墙体间无有效连接是导致事故发生的次要原因。案发后，被告人王某、韩某积极赔付被害人家属损失并取得谅解。

裁判要旨

法院认为，被告人王某未取得加盖房屋的合法手续，且与无建筑资质人员签订建房协议，在修建房屋过程中违反安全管理规定，被告人韩某、白某、彭某明知自己不具备相关作业资质，仍违反安全管理规定进行作业，致发生二人死亡的重大责任事故，四被告人的行为已构成重大责任事故罪，应予惩处。公诉机关指控的犯罪事实及罪名成立，本院予以支持。被告人王某、韩某、白某、彭某系初犯、偶犯，事故发生后积极救治被害人，归案后如实供述其犯罪事实，自愿签署认罪认罚具结书，认罪态度好，属坦白，可从轻处罚。被告人王某、韩某、白某在归案后积极赔偿被害人亲属的经济损失，取得被害人亲属的谅解，亦可酌情从轻处罚。被告人王某的辩护人提出被告人王某无罪的辩护意见，与查证的事实不符、于法无据，不予采纳；被告人韩某、白某、彭某的辩护人提出三被告人均构成自首的辩护意见，经查，不符合自首的构成要件，不予采纳。鉴于被告人王某、韩某、白

某案发后积极赔偿被害人亲属的经济损失，取得被害人亲属的谅解，认罪态度好，确有悔罪表现，适用缓刑不致再危害社会，对被告人王某、韩某、白某可适用缓刑。因此，认定被告人王某、韩某、彭某犯重大责任事故罪，分别处有期徒刑一年并适用缓刑。

📁 案件评析

依法取得从业资质、依法分包是建设单位的基本义务，违反相应义务就意味着要承担相应的法律责任。本案中由于王某未取得加盖房屋的合法手续，将工程发包给不具备相关建设资质的被告人韩某、白某并且在违反安全管理规定的情况下进行作业，最终导致两名被害人死亡的结果，其行为具有违法性，法院针对不同的犯罪主体处以相应处罚的做法正确。

思考题

1. 简述建设单位的质量保障义务。
2. 简述勘察单位的质量保障义务。
3. 简述施工单位的质量保障义务。

第三节 建设工程的监理制度

建设工程监理是指具有法定资质的工程建设监理单位接受建设单位的委托，在监理合同约定范围内，根据法律、法规、技术规范及工程建设承包合同，对工程建设活动实施专业化的监督管理活动。工程监理的对象是建设行为主体的义务履行状况，要由已依法取得监理资质证书并有法人资格的监理企业实施。监理企业的监理权利来源于建设单位即业主（甲方）的委托授权，因此，工程监理属于对工程质量的横向监督。建设行政主管部门及其授权机构对工程建设的全面监督管理，其权力源于法律的授权，不以建设活动主体意志为转移，属于纵向监督管理范畴，不属于工程建设监理的范围。

根据我国《建筑法》《建设工程质量管理条例》，工程监理单位应当依照法律、法规以及有关的技术标准、设计文件和建设工程承包合同，代表建设单位对施工质量实施监理，并对施工质量承担监理责任。工程建设监理的工作内容主要是控制工程建设的投资、建设工期和工程质量，进行工程建设合同管理，协调有关单位的工作关系。为保证工程监理的工作质量，工程建设监理工作应先编制工程建设监理规划并按工程建设进度分专业编制工程建设监理细则，按建设监理细则进行建设监理，参与工程竣工验收，签署建设监理意见。建设监理业务完成后，向项目法人（业主）提交工程建设监理档案资料。

一、建设工程强制监理的范围

根据《建设工程监理范围和规模标准规定》，必须实行监理的建设工程项目的具体范围和规模标准如下。

（1）国家重点建设工程，即依据《国家重点建设项目管理办法》所确定的对国民经济和社会发展有重大影响的骨干项目。

（2）大中型公用事业工程，即总投资额在 3 000 万元以上的下列工程项目：

① 供水、供电、供气、供热等市政工程项目；

② 科技、教育、文化等项目；

③ 体育、旅游、商业等项目；

④ 卫生、社会福利等项目；

⑤ 其他公用事业项目。

（3）成片开发建设的住宅小区工程，其建筑面积在 5 万平方米以上的住宅建设工程必须实行监理；5 万平方米以下的住宅建设工程，可以实行监理，具体范围和规模标准、由省、自治区、直辖市人民政府建设行政主管部门规定。为了保证住宅质量，对高层住宅受地基、结构复杂的多层住宅应当实行监理。

（4）利用外国政府或者国际组织贷款、援助资金的工程。

① 使用世界银行、亚洲开发银行等国际组织贷款资金的项目；

② 使用国外政府及其机构贷款资金的项目；

③ 使用国际组织或者国外政府援助资金的项目。

（5）国家规定必须实行监理的其他工程。

① 项目总投资额在 3 000 万元以上关系社会公共利益、公众安全的基础设施项目，包括：煤炭、石油、化工、天然气、电力、新能源等项目；铁路、公路、管道、水运、民航以及其他交通运输业等项目；邮政、电信枢纽、通信、信息网络等项目；防洪、灌溉、排涝、发电、引（供）水、滩涂治理、水资源保护、水土保持等水利建设项目；道路、桥梁、地铁和轻轨交通、污水排放及处理、垃圾处理、地下管道、公共停车场等城市基础设施项目；生态环境保护项目；其他基础设施项目。

② 学校、影剧院、体育场馆项目。

二、工程建设监理与业主、承包商的法律关系

工程建设监理活动中主要的当事人有业主、监理（监理单位及其指派的监理工程师）、承包商三方，确定监理与业主间的权利义务内容的根据是业主与监理单位之间的合同约定。尽管监理与承包商之间也未签订合同，但因业主通过与监理单位之间的合同将其监督管理承包商建设活动的权利授予监理单位，承包商的建设活动须接受监理单位的监督管理。为使各方的权利与义务基本平等并有利于工程建设的顺利进行，国际咨询工程师联合会编制了 FIDIC 合同文本，建设部、工商局等部门也编制了《建设工程施工合同（示范文本）》和《工程建设监理合同（示范文本）》，供各有关当事人参照执行。这些合同文件明确规定了监理单位与业主、承包商之间的法律关系。在建设工程施工过程中，业主委托监理单位进行监理后，就不能再直接指挥承包商的施工活动。业主直接向承包商下达应由监理下达的指令属违反合同的行为，承包商有权拒绝执行业主下达的该类指令；承包商执行业主该类指令属于违反合同的行为，监理工程师有权拒绝。

（一）业主与监理单位的法律关系

二者的法律关系是委托和被委托关系，其具体内容通过业主与承包商签订的合同、业主与监理单位签订的监理合同确定。前者规定了被委托的监理工程师的权利和职责，包括监理工程师对业主的约束权力和监理工程师独立公正地执行合同条件的权利；后者详细规定了监理人员的数量、素质、服务范围、服务时间、服务费用以及其他有关监理人员生活方面的安排，明确了监理工程师的权利，其内容应与施工合同中所赋予监理工程师的权利相同。

（二）监理工程师与承包商的法律关系

监理工程师与承包商都受聘于业主，他们之间的关系体现在业主与承包商签订的合同条件中。按照合同规定，监理工程师与承包商之间是监理和被监理的关系，承包商的一切工程活动都必须得到监理工程师的批准。在关涉工程的任何事项上，无论其在合同中写明与否，承包商都要严格遵守并执行监理工程师的指示，且承包商只能从监理工程师处取得指示并接受其监督和管理，所完成任何工作都须达到其满意的程度。当然，监理工程师对承包商的任何监督和管理都必须符合法律（包括合同文件）和实际情况，若承包商认为监理工程师的决定不能接受，可提出仲裁，通过法律手段解决。

同时，监理工程师不能与承包商有任何经济关系，包括监理单位不能与承包单位及提供设备制造和材料供应的单位发生隶属关系或与这些单位存在合伙经营关系；监理单位和监理工程师均不能经营承包施工或材料销售业务并不得在施工单位、设备制造和材料供应单位任职，不能接受承包商的礼物。

三、业主的权利、义务和责任

根据我国《工程建设监理合同（示范文本）》及《建设工程施工合同（示范文本）》等文件的规定，业主主要有以下权利并承担以下义务和责任。

（一）业主的主要权利

业主对选择监理单位并与其订立合同有决定权；对工程规模、设计标准、规划设计、生产工艺设计和设计使用功能的要求有认定权；对工程设计变更有审批权；监理单位调换总监理工程师须经业主同意；有权要求监理机构提交监理工作月度报告及监理业务范围内的专项报告，要求监理单位更换不称职的监理人员，直到终止合同。

（二）业主的主要义务

业主应按监理合同的约定支付监理酬金；负责工程建设的所有外部关系的协调，以为监理工作提供外部条件；在双方约定的时间内免费向监理机构提供与工程有关的为监理机构所需要的工程资料，就监理单位书面提出要求做出决定的一切事宜做出书面决定；应授权一名熟悉本工程情况且能迅速做出决定的常驻代表，负责与监理单位联系；应授予监理机构监理权利及其主要成员的监理职能分工，并及时书面通知已选定的第三方并在与第三方签订的合同中予以明确;应协助监理机构获取本工程使用的原材料、机械设备等生产厂家名录并提供与本工程有关的协作单位、配合单位的名录;免费向监理机构提供合同专用条件约定的设施,对监理单位自备的设施给予合理的经济补偿;由业主免费向监理机构提供职员和服务人员应在监理合同专用条件中进行约定;未经监理单位书面同意,不得转让该合同约定的权利和义务。

(三)业主的法律责任

业主应当履行监理合同约定的义务,否则应承担违约责任,赔偿给监理单位造成的经济损失;因业主或第三方的原因使监理工作受到阻碍或延误而增加工作量或持续时间,监理单位应及时通知业主,增加的工作量视为附加工作,完成监理业务的时间应相应延长并额外支付报酬;业主若要求监理单位全部或部分暂停执行监理业务或终止监理合同,应提前56天通知监理单位。

监理单位在应获得监理酬金之日起30天内仍未收到支付单据,而业主又未对监理单位提出任何书面意见时,可发出终止监理合同的通知,该通知发出后14天内未得到业主答复,可再次发出终止合同的通知,若第二次通知发出后42天内仍未得到业主答复,可终止合同,自行暂停或继续暂停全部或部分监理业务,其善后工作以及恢复执行监理业务的工作,应当视为额外工作,业主当给付额外的时间和酬金;如业主在规定的支付期限内未支付监理酬金,自支付之日起应向监理单位补偿应支付的酬金利息,利息额按规定支付期限最后一日银行贷款利息率乘以拖欠酬金的时间计算。

四、监理的权利、义务和责任

根据我国《工程建设监理合同(示范文本)》,监理单位享有的权利和承担的义务责任如下。

(一)监理单位的权利

在业主委托的工程范围内,监理单位有以下监理权:选择工程总设计单位和施工总承包单位的建议权;工程分包设计单位和施工分包单位的确定权与否定权;对工程建设有关事项,包括工程规模、设计标准、规划设计、生产工艺设计和使用功能要求的建议权;对工程结构设计和其他专业设计中的技术问题,按照安全和优化的原则,自主向设计单位提出建议,并向业主提出书面报告,若拟提出的建议将提高工程造价或延长工期,应事先取得业主同意;发现工程设计不符合建筑工程质量标准或者合同约定的质量要求的,有权报告业主,由其要求设计单位改正;对工程施工组织设计和技术方案,按照保质量、保工期和降低成本的原则,自主向承包商提出建议,并向业主提出书面报告,若拟提出的建议会提高工程造价或延长工期,应事先取得业主同意;对与工程建设有关的协作单位进行组织协调的主持权,重要协调事项应事先向业主报告;报经业主同意后,发布开工令、停工令、复工令,如在紧急情况下未能事先报告时应在24小时内报告,承包商取得监理机构复工令后才能复工;对不符合设计要求及国家质量标准的材料、设备,有权通知承包商停止使用;不符合规范和质量标准的工序、分项分部工程和不安全的施工作业,有权通知承包商停工整改、返工；工程施工进度的检查、监督权，以及工程实际竣工日期提前或超过工程承包合同规定的竣工期限的签认权；在工程承包合同约定的工程价格范围内工程款支付的审核和签认权，以及结算工程款的复核确认权与否定权，未经监理机构签字确认，业主不支付工程款。

经业主授权，监理单位可对合同规定的第三方义务提出变更，若因此影响工程费用或质量、进度，则该变更须经业主事先批准，在紧急情况下未能事先报业主批准，尽快通知业主。在监理过程中如发现承包商工作不力，监理机构可提出调换有关人员的建议。

在委托工程范围内，业主或第三方对对方的任何意见和要求（包括索赔要求）均须先向监理机构提出，由其研究处置意见后再同双方协调确定。当业主和第三方发生争议时，监理机构根据自己的职能，以独立身份判断并公正进行调解。当其双方争议由政府部门或仲裁机关进行调解或仲裁时，监理单位有提供事实材料的作证权。

（二）监理单位的义务

监理单位应向业主报送委派的总监理工程师及其监理机构主要成员名单、监理规划，完成监理合同专用条件中约定的工程监理范围内的监理业务；在履行本合同的义务期间，应运用合理技能为业主提供与其监理机构水平相适应的咨询意见，认真、勤奋、公正地帮助业主实现合同预定的目标，公正地维护各方的合法权益；在监理完成或中止时，按约定的时间和方式向业主移交所使用的由业主提供的设施和剩余物品；在合同期内或合同终止后，未征得有关方同意，不泄露与本工程、本合同业务活动有关的保密资料；不得转让该合同约定的权利和义务；除业主书面同意外，不接受监理合同约定以外的与监理工程项目有关的报酬；不参与可能与合同规定的和业主的利益相冲突的任何活动。

为保障建设工程质量，监理单位应按在其监理资质许可的范围内从事监理业务，禁止超越本单位资质等级许可的范围或者以其他监理单位的名义承担工程监理业务，禁止监理单位允许其他单位或者个人以本单位的名义承担工程监理业务；不得转让工程监理业务。转让监理业务、越级监理、允许其他单位或者个人以本单位的名义承担监理业务等，将使工程监理变得有名无实并对工程质量造成危害。

为保障建设工程质量，监理单位有依法回避的义务，与被监理工程的施工承包单位以及建筑材料、建筑构配件和设备供应单位有隶属关系或者其他利害关系的，不得承担该项建设工程的监理业务。因为，其与被监理工程的承包单位以及建筑材料、建筑构配件和设备供应单位之间是监督与被监督的关系，为保证客观、公正执行监理任务，监理单位与上述单位不能有隶属关系或者其他利害关系。如果有这种关系，监理单位在接受监理受托前应当自行回避；对于没有回避而被发现的，建设单位可以依法解除委托关系。实践中，确实存在监理单位与建设单位或施工单位串通，偷工减料、降低质量标准，谋取非法利益的行为，这样做将严重影响建筑工程的质量和安全，因此，为建筑法所严格禁止[①]。

为保障建设工程质量，监理单位有根据监理规范选派监理人员并进行监理的义务。监

---

① 林晋宏：《设计和监理单位在建设工程质量控制中的作用》，载《山西建筑》2005年第31卷第4期，第133-134页。

理单位应当选派具备相应资格的总监理工程师和监理工程师进驻施工现场，应根据所承担的监理任务组建由总监理工程师、监理工程师和其他监理人员组成的驻工地监理机构。工程监理实行总监理工程师负责制，总监理工程师依法在授权范围内发布有关指令，全面负责受委托的监理工程。监理工程师应当按照工程监理规范的要求，采取旁站、巡视和平行检验等形式对建设工程实施监理。"旁站"指对工程中有关地基和结构安全的关键工序和关键施工过程，进行连续不断地监督检查或检验的监理活动，有时甚至要连续跟班监理。"巡视"强调除了关键点的质量控制外，监理工程师还应对施工现场进行面上的巡查监理。"平行检验"强调监理单位对施工单位已经检验的工程应及时进行检验，以便及时发现质量问题并采取纠正措施。

（三）监理单位的责任

监理单位应履行监理合同中约定的义务，若因其过失造成经济损失，应当承担赔偿责任；监理单位与承包商串通，为承包单位谋取非法利益，给建设单位造成损失的，应当与承包单位承担连带赔偿责任；监理单位如需另聘专家咨询或协助，在监理业务范围内其费用由监理单位承担；向业主提出赔偿要求不能成立时，应补偿由于该索赔所导致业主的各种费用支出；但是，监理单位对第三方违反合同规定的质量要求和完工时限，不承担责任；因不可抗力导致监理合同不能全部或部分履行的，监理单位不承担责任。

监理单位与建设单位或者建筑施工企业串通，弄虚作假、降低工程质量的，责令改正，处以罚款，降低资质等级或者吊销资质证书；有违法所得的，予以没收；造成损失的，承担连带赔偿责任；构成犯罪的，依法追究刑事责任。《建设工程质量管理条例》第六十七条规定，工程监理单位有下列行为之一的，责令改正，处 50 万元以上 100 万元以下的罚款，降低资质等级或者吊销资质证书；有违法所得的，予以没收；造成损失的，承担连带赔偿责任：① 与建设单位或者施工单位串通、弄虚作假、降低工程质量的；② 将不合格的建设工程、建筑材料、建筑构配件和设备按照合格签字的。工程监理单位转让监理业务的，责令改正，没收违法所得，可以责令停业整顿，降低资质等级；情节严重的，吊销资质证书。

工程监理单位与被监理工程的施工承包单位以及建筑材料、建筑构配件和设备供应单位有隶属关系或者其他利害关系承担该项建设工程的监理业务的，责令改正，处 5 万元以上 10 万元以下的罚款，降低资质等级或者吊销资质证书；有违法所得的，予以没收。

案例

合肥 F 工程咨询有限公司、霍山县公共资源交易监督管理局资源行政管理纠纷

基本案情

2017 年 4 月 11 日 9 时霍山县体育中心工程建设项目施工监理项目开标，4 月 12 日，该项目招标代理机构安徽 R 项目管理有限公司在霍山县公共资源交易网进行公示，确定第一中标候选人为六安市建工建设监理有限公司，第二中标候选人为 F 公司。4 月 14 日，F 公司向霍山县文化广电新闻出版局提出书面质疑。4 月 21 日，F 公司向霍山县公管局提交投诉书，请求认定六安市建工建设监理有限公司提供虚假材料的事实，判定其为废标。霍山县公管局受理后，进行了调查处理。4月28日，安徽R项目管理有限公司重新在霍山县公共资源交易网对该工程施工监理中标候选人进行公示，取消了原第一中标候选人六安市建工建设监理有限公司的资格，确定了第一中标候选人为F公司。4月29日，安徽T工程咨询有限公司向霍山县公管局、建设单位和招标代理机构提出质疑，认为F公司投标总监司某在六安市行政区域外有两个在监项目，不能参与本项目投标。同日，安徽R项目管理有限公司向F公司提出质疑。5月4日，安徽T工程咨询有限公司向霍山县公管局提交投诉书，请求依法取消F公司的第一中标候选人资格。霍山县公管局进行了受理。F公司向霍山县公管局提交了回复、陈述，并提供了有关证据。5月15日，霍山县公管局向F公司下达告知书，告知其在参加体育中心建设项目施工监理投标时，总监司某已担任总监的项目为三个，不符合《建设工程监理规范》（GB/T50319—2013）和施工监理招标文件实质性要求，拟取消F公司第一中标候选人资格。5月22日，霍山县公管局作出霍公管〔2017〕8号《投诉处理决定书》。F公司不服，向霍山县人民政府申请行政复议。霍山县人民政府于2017年7月26日作出霍政复决〔2017〕6号《行政复议决定书》。

法院另查明，2017年2月14日，阜阳市重点工程建设管理局与F公司签订了阜阳市临泉路（七渔河路-颍西路）道路及附属物工程监理合同，明确该项目总监理工程师为司某。2017年3月10日，阜阳市重点工程建设管理局与无锡市政建设集团有限公司签订该工程施工合同，计划开工日期为2017年4月10日，竣工日期为2017年11月25日。截至2017年5月12日，该工程尚未开工。

📁 裁判要旨

本案争议焦点主要是：阜阳市临泉路（七渔河路-颍西路）道路及附属物工程施工监理项目是否属于在监项目，即司某除本案涉及的工程监理项目外，是否已有三个在监项目。本案中，阳市重点工程建设管理局与F公司签订的阜阳市临泉路（七渔河路-颍西路）道路及附属物工程监理合同中，确定司某为该项目总监理工程师。加之司某担任总监理工程师的临泉庐阳现代产业园南园安置区施工监理、阜阳市第十中学新校区建设项目施工监理，F公司投标总监司某在霍山县体育中心工程建设项目施工监理开标时，已担任三项建筑工程监理合同的总监理工程师。依照《中华人民共和国行政诉讼法》第六十九条的规定，判决：驳回原告合肥丰润工程咨询有限公司的诉讼请求。案件受理费50元，由原告合肥F工程咨询有限公司负担。

📁 案件评析

《建设工程监理规范》（GB/T 50319—2013）第3.1.5条规定，一名注册监理工程师可担任一项建设工程监理合同的总工程师。当需要同时担任多项建设工程监理合同的总监理工程师时，应经建设单位书面同意，且最多不得超过三项。本案中，F公司投标总监司某在霍山县体育中心建设项目施工监理项目开标时，已担任三项建筑工程监理合同的总监理工程师，不符合《建设工程监理规范》（GB/T 50319—2013）第3.1.5条规定，因此，霍山县公管局作出的霍公管〔2017〕8号《投诉处理决定书》、霍山县人民政府作出霍政复决〔2017〕6号《行政复议决定书》并无不当。

思考题

1. 简述我国实行强制监理的建设工程范围。
2. 简述业主与监理单位的法律关系。
3. 简述监理单位的法律责任。

第四节 建设工程的安全生产制度

建设工程安全生产管理包括政府主管部门对建设活动安全问题的行政管理和作为建设活动主体的建设单位、设计单位、施工单位在进行建设活动过程中对安全生产所进行的企业内部管理。

建设工程的安全生产制度是政府主管部门与建设活动主体管理建设活动过程中的安全问题的法律规范的总称，其主要渊源包括《中华人民共和国安全生产法》《建设工程安全生产管理条例》《安全生产许可证条例》《特种设备安全监察条例》《生产安全事故报告和调查处理条件》等，其主要内容是各建设活动主体对安全生产应承担的主要义务及责任和安全事故的处理规则。

一、建设活动主体对安全生产应承担的主要义务

为确保建设工程安全生产，建设单位、勘察设计单位、工程监理单位、施工单位及提供建设工程机械设备、施工工具、配件等建设活动的主体，要履行法定的义务。

（一）建设单位应承担的主要义务和责任

建设单位负有向施工单位提供资料并保证资料真实、准确、完整的义务，应提供的资料包括施工现场及毗邻区域内供水、排水、供电、供气、供热、通信、广播电视等地下管线资料，气象和水文观测资料，相邻建筑物和构筑物、地下工程的有关资料；不得对勘察、设计、施工、工程监理等单位提出不符合建设工程安全生产法律、法规和强制性标准规定的要求，不得压缩合同约定的工期；应保证安全生产投入；在编制工程概算时，应确定建设工程安全作业环境及安全施工措施所需费用；不得明示或者暗示施工单位购买、租赁、使用不符合安全施工要求的安全防护用具、机械设备、施工机具及配件、消防设施和器材等物资；办理施工许可证或开工报告时应当报送安全施工措施；依法批准开工报告的建设工程，应当自开工报告批准之日起 15 日内将保证安全施工的措施报送建设工程所在地的县级以上人民政府建设行政主管部门或者其他有关部门备案；应将拆除工程发包给具有相应资质的施工单位，并应在拆除工程施工 15 日前，将有关资料报送建设工程所在地的县级以上地方人民政府主管部门或者其他有关部门备案。

(二）勘察设计单位应承担的主要义务

勘察单位应当按照法律的规定进行勘察，提供的勘察文件应当真实、准确，满足建设工程安全生产的需要；在勘察作业时，应当严格按照操作规程，采取措施保证各类管线、设施和周围建筑物、构筑物的安全。

设计单位应当按照法律的规定进行设计，防止因设计不合理导致的安全生产事故，考虑施工安全操作和防护的需要，在设计文件中注明涉及施工安全的重点部位和环节并对防范安全生产事故提出指导意见；对采用新结构、新材料、新工艺的建设工程和特殊结构的建设工程，应在设计中提出保障施工作业人员安全和预防生产安全事故的措施建议。设计单位及其注册执业人员应当对其设计负责。

(三）工程监理单位应承担的主要义务

工程监理单位应审查施工组织设计中的安全技术措施或者专项施工方案是否符合工程建设强制性标准；在实施监理过程中，发现存在安全事故隐患的，应要求施工单位整改，情况严重的，应要求施工单位暂时停止施工并及时报告建设单位；施工单位拒不整改或者不停止施工的，应当及时向有关主管部门报告。工程监理单位和监理工程师应当按照法律的规定承担监理责任。

(四）施工单位应承担的主要义务

施工单位从事建设工程的新建、扩建、改建和拆除等活动，应具备法律规定的注册资本、专业技术人员、技术装备和安全生产等条件，依法取得相应等级的资质证书并在其资质等级许可的范围内承揽工程。

建设工程实行施工总承包的，由总承包单位对施工现场的安全生产负总责；总承包单位应当自行完成建设工程主体结构的施工；总承包单位依法将建设工程分包给其他单位的，分包合同中应当明确各自在安全生产方面的权利、义务，并与分包单位对分包工程的安全生产承担连带责任；分包单位应当服从总承包单位的安全生产管理，分包单位不服从管理导致生产安全事故的，由分包单位承担主要责任。

施工单位的主要负责人依法对本单位的安全生产工作全面负责，应建立健全安全生产责任制度和安全生产教育培训制度，制定安全生产规章制度和操作规程，保证本单位安全生产条件所需资金的投入，安全生产费用应专款专用；对所承担建设工程进行定期和专项安全检查，并做好安全检查记录；应设置安全生产管理机构，配备专职安全生产管理人员。

施工企业的主要负责人、项目负责人、专职安全生产管理人员应当经建设行政主管部门或者其他有关部门考核合格后方可任职；应对管理人员和作业人员每年至少进行一次安全生产教育培训，其教育培训情况记入个人工作档案；对垂直运输机械作业人员、安装拆卸工、爆破作业人员、起重信号工、登高架设作业人员等特种作业人员，须按照规定经专门安全作业培训，并取得特种作业操作资格证书后，方可上岗作业；作业人员进入新的岗位或者新的施工现场前，应当接受安全生产教育培训。施工单位在采用新技术、新工艺、新设备、新材料时，应当对作业人员进行相应的安全生产教育培训。安全生产教育培训考核不合格的人员，不得上岗。

施工企业应在施工组织设计中编制安全技术措施和施工现场临时用电方案，对达到一定规模的危险性较大的分部分项工程编制专项施工方案并附具安全验算结果，经施工单位技术负责人、总监理工程师签字后实施，由专职安全生产管理人员进行现场监督，并做好环境污染防护措施。

（五）机械设备、施工工具等提供单位的义务

为建设工程提供机械设备和配件的单位，应当按照安全施工的要求配备齐全有效的保险、限位等安全设施和装置。出租的机械设备和施工工具及配件，应有生产许可证、产品合格证，应对出租的机械设备和施工工具及配件的安全性能进行检测并在签订租赁协议时出具检测合格证明，禁止出租检测不合格的机械设备和施工工具及配件。

在施工现场安装、拆卸施工起重机械和整体提升脚手架、模板等自升式架设设施，须有相应的资质。安装、拆卸施工起重机械和整体提升脚手架、模板等自升式架设设施，应当编制拆装方案，制定安全施工措施，并由专业技术人员现场监督。施工起重机械和整体提升脚手架、模板等自升式架设设施安装完毕后，安装单位应当自检并出具自检合格证明，向施工单位进行安全使用说明，办理验收手续并签字。施工起重机械和整体提升脚手架、模板等自升式架设设施的使用达到规定的检验检测期限，检测不合格的不得继续使用，检测合格的应出具安全合格证明文件，并对检测结果负责。

二、建筑安全事故的处理

为处理建筑工程安全事故，建立了建筑工程安全事故的应急救援制度、报告制度、现场救援制度和调查处理制度。

（一）建筑生产安全事故的应急救援预案制度

县级以上地方政府建设行政主管部门应根据本级政府的要求，制定本行政区域内建设工程特大生产安全事故应急救援预案。

施工单位应制定本单位生产安全事故应急救援预案，建立应急救援组织或者配备应急救援人员，配备必要的应急救援器材、设备，并定期演练；应根据建设工程施工的特点、范围，监控施工现场易发生重大事故的部位、环节并制定施工现场生产安全事故应急救援预案。实行施工总承包的，由总承包单位统一编制建设工程生产安全事故应急救援预案，工程总承包单位和分包单位按照应急救援预案，各自建立应急救援组织或者配备应急救援人员，配备救援器材、设备，并定期演练。

（二）建筑生产安全事故的报告制度

施工中发生事故时，建筑施工企业应当采取紧急措施减少人员伤亡和事故损失，并按照国家有关规定及时向有关部门报告。

《生产安全事故报告和调查处理条例》规定，根据生产安全事故造成的人员伤亡或者直接经济损失，事故分为四个等级，即特别重大事故（造成30人以上死亡或100人以上重

伤，或1亿元以上直接经济损失的事故）、重大事故（造成10人以上30人以下死亡，或50人以上100人以下重伤，或5 000万元以上1亿元以下直接经济损失）、较大事故（造成3人以上10人以下死亡或10人以上50人以下重伤，或1 000万元以上5 000万元以下直接经济损失）、一般事故（造成3人以下死亡或10人以下重伤，或1 000万元以下直接经济损失）。

事故发生后，事故现场有关人员应当立即向本单位负责人报告。单位负责人接到报告后，应在1小时内向事故发生地县级以上政府安全生产监督管理部门和负有安全生产监督管理职责的有关部门报告。情况紧急时，事故现场有关人员可以直接向事故发生地县级以上政府安全生产监督管理部门和负有安全生产监督管理职责的有关部门报告。

安全生产监督管理部门和负有安全生产监督管理职责的有关部门接到事故报告后，应通知公安机关、劳动保障行政部门、工会和人民检察院；对特别重大事故、重大事故，应逐级上报至国务院安全生产监督管理部门和负有安全生产监督管理职责的有关部门；对较大事故，应逐级上报至省、自治区、直辖市人民政府安全生产监督管理部门和负有安全生产监督管理职责的有关部门；对一般事故，应上报至设区的市级人民政府安全生产监督管理部门和负有安全生产监督管理职责的有关部门并报告本级人民政府。

事故报告的法定内容包括：事故发生单位概况；事故发生的时间、地点以及事故现场情况；事故的简要经过；事故已经造成或者可能造成的伤亡人数（包括下落不明的人数）和初步估计的直接经济损失；已经采取的措施；其他应当报告的情况。

（三）建筑生产安全事故现场救援制度

施工中发生事故时，建筑施工企业应当采取紧急措施减少人员伤亡和事故损失；事故发生单位负责人接到事故报告后，应立即启动事故相应应急预案，或采取有效措施，组织抢救，防止事故扩大，减少人员伤亡和财产损失。

事故发生地有关地方人民政府、安全生产监督管理部门和负有安全生产监督管理职责的有关部门接到事故报告后，其负责人应当立即赶赴事故现场，组织事故救援。

事故发生后，有关单位和人员应当妥善保护事故现场以及相关证据，任何单位和个人不得破坏事故现场、毁灭相关证据。因抢救人员、防止事故扩大以及疏通交通等原因，需要移动事故现场物件的，应当做出标志，绘制现场简图并做出书面记录，妥善保存现场重要痕迹、物证。

（四）建筑生产安全事故的调查处理制度

特别重大事故由国务院或者国务院授权有关部门组织事故调查组进行调查。重大事故、较大事故、一般事故分别由事故发生地省级政府、设区的市级政府、县级政府负责调查，地方各级政府可直接组织事故调查组调查，也可授权或委托有关部门组织事故调查组进行调查。未造成人员伤亡的一般事故，县级政府也可委托事故发生单位组织事故调查组进行调查。

事故调查组的组成。根据事故具体情况，事故调查组由政府、安全生产监督管理部门、负有安全生产监督管理职责的有关部门、监察机关、公安机关以及工会派人组成，并应邀请检察院派人参加，事故调查组可聘请有关专家参与调查。

事故调查组的职责包括：查明事故发生的经过、原因、人员伤亡情况及直接经济损失；认定事故的性质和事故责任；提出对事故责任者的处理建议；总结事故教训，提出防范和整改措施；提交事故调查报告。

事故调查组应自事故发生之日起 60 日内提交事故调查报告。特殊情况下，经负责事故调查的政府批准，提交事故调查报告的期限可适当延长，但延长的期限最长不超过 60 日。

事故调查报告的法定内容：事故发生单位概况；事故发生经过和事故救援情况；事故造成的人员伤亡和直接经济损失；事故发生的原因和事故性质；事故责任的认定以及对事故责任者的处理建议；事故防范和整改措施；事故调查报告应当附具有关证据材料；事故调查组成员应当在事故调查报告上签名。

对重大事故、较大事故和一般事故报告，负责事故调查的人民政府应当自收到之日起 15 日内做出批复；对特别重大事故报告，30 日内做出批复，特殊情况下，批复时间可以适当延长，但延长的时间最长不超过 30 日。有关机关应按照政府的批复，依照法律规定的权限和程序，对事故发生单位和有关人员进行行政处罚，对负有事故责任的国家工作人员进行处分。事故发生单位应按照负责事故调查的人民政府的批复，对本单位负有事故责任的人员进行处理。对负有事故责任的人员涉嫌犯罪的，依法追究刑事责任。

事故发生单位应认真吸取事故教训，落实防范和整改措施，防止事故再次发生。防范和整改措施的落实情况应当接受工会和职工的监督。安全生产监督管理部门和负有安全生产监督管理职责的有关部门应当对事故发生单位落实防范和整改措施的情况进行监督检查。事故处理的情况由负责事故调查的政府或者其授权的有关部门、机构向社会公布，依法应当保密的除外。

案例

江西 B 生物制药有限公司诉湖南湘潭县 S 建筑工程公司建筑工程承包合同案

基本案情

2004 年 7 月 22 日，原告江西 B 生物制药有限公司与被告湖南湘潭县 S 建筑工程公司签订了《建设施工承包合同》，由被告承建原告制药厂房。总有效工期为 260 天。2004 年 7 月 23 日被告开始动工，兴建原告提取车间、办公楼、职工宿舍、公用工程的土建及配套附属工程，2004 年 10 月 5 日办公楼主体工程全面竣工。由于原告资金紧缺，工程款未能按合同及时到位，几度违约。虽于 2005 年 8 月 5 日原告签下承诺协议书，2006 年 3 月 15 日双方又为工程款结算以《会议纪要》的形式达成协议。但终因原告的违约而经湘潭仲裁委员会于 2006 年 8 月 5 日以（2006）潭仲字第 61 号裁决书裁决解除双方的《建设施工承包合同》及有关附件，由 B 制药有限公司支付湘潭县 S 建筑工程公司 126 212.6 元，并裁决由原告赔偿被告因其违约给被告造成的损失 87 697.68 元。

在此期间，即 2006 年 2 月 27 日，原告制作了"函告"称，湖南湘潭县 S 建筑工程公司派驻制药厂工程项目部质量安全意识差，施工现场管理无序，特别是职工宿舍施工质量低劣，存在严重的安全隐患，且擅自停工，将甲方（原告）购买用于工程建设的钢材擅自变卖，并将施工机械拆离，自动退场。鉴于以上原因，2006年2月13日下午湖南湘潭县S建筑工程公司法人代表党委书记及项目负责人、预算员等一行五人来到莲花，于2006年2月14日上午在江西省莲花县台莲宾馆6楼会议室，甲乙双方经协商一致同意终止2004年7月22日双方所签订的《建设施工承包合同》。根据施工图纸要求，结合合同条款，按实际施工工程量进行决算，施工工程不符合要求的应返工处理，返工费用由乙方（湘潭S建筑工程公司）承担。该"函告"原告于2006年3月2日通过邮局寄给被告，并经过公证处公证。

2006年8月25日，原告认为被告所建设的提取车间有质量问题而向莲花县建筑工程质量监督站投诉，该监督站作出《关于江西B生物制药有限公司提取车间质量鉴定报告》，该报告认为，经现场对提取车间一层框架柱随机抽查，破损砼保护层查验，施工单位存在严重的偷工减料行为。原告认为因该工程质量问题严重影响了原告今后的生产经营活动，请求法院依法判令被告立即返工修复问题工程或支付返工费用232 044.32元，赔偿因工程质量问题给原告造成的损失7万元，后原告提起诉讼。

📁 裁判要旨

法院认为，原告即建设方尽管经县政府办公室批复落户工业园，但未按建设部《工程建设项目报建管理办法》第二条规定办理报建手续，属于违反行政法及部门规章的行为，应按相应法规予以行政处罚，但原告未履行的行政义务并不一定使其报建的项目及建筑工程属非法，非法建筑应由有关部门作出认定并实施处罚，其履行行政手续存在瑕疵或违法并不当然成为被告不合理履行自身合同义务的理由和原因。即使建设单位的建设工程属非法建筑，被告作为施工单位已按合同完成施工的前提下，并不能免除其义务。况且，双方已就合同进行了协商结算，享有了合同的权利。

法院根据《中华人民共和国建筑法》第五十八条、第六十条、第六十二条，《建设工程质量管理条例》第三十二条规定，判决被告赔付原告返工修复工程费232 044.32元。

📁 案件评析

施工单位对施工中出现质量问题的建设工程或者竣工验收不合格的建设工程，应当负责返修，保证工程质量责任是施工单位的基本义务。在本案中，经监督站检测，被告承建的工程确实存在质量问题，建设工程在保修范围内和保修期限内发生质量问题的，施工单位应当履行保修义务，并对造成的损失承担赔偿责任。因此，原告请求的返工修复问题工程或支付返工费用232 044.32元，于法有据。

思考题

1. 简述发包单位违法发包的情形及应当承担的法律责任。
2. 简述总承包单位与分包单位之间的法律责任关系。
3. 简述勘察单位违反资质管理制度应当承担的法律责任。

第五节 建设工程的消防与节能环保制度

为确保建设工程的安全效益、经济效益和社会效益最大化,建设工程需要符合消防、节能和环境保护制度的要求。

一、建筑工程的消防制度

建筑消防工程是建筑施工工程的重要组成部分,其施工质量优劣直接关系到社会公众的生命财产和建筑物的安全,设计者、勘察者、施工者应当在设计、勘察时充分考虑可能造成火灾的各种因素,避免在火灾发生时因为基础设施不符合消防技术标准造成人员伤亡及财产损失。为确保建筑工程符合消防标准,《消防法》建立了对建筑工程消防审核与验收制度,按照建筑消防技术标准进行消防设计的建筑工程竣工时,未经公安消防机构消防验收或验收不合格的建筑工程,不得投入使用。建设工程消防设计审核是消防监督管理工作的关键,旨在及时发现设计中存在的技术问题和先天缺陷并在建设项目施工前纠正,以杜绝先天性火灾隐患和避免建设消防违章的建筑。

(一)建筑工程消防审核与验收的主要内容

1. 审核与验收防火间距设置

防火间距是施工单位申报的建筑工程与周边建筑之间的防火距离。防火间距是房屋建筑和消防系统设计过程中的重点,可以有效避免火灾蔓延,降低火灾带来的经济损失。防火间距较大时,可以减小火灾蔓延的趋势,反之建筑之间的防火间距较小,火灾发生后将会对周边建筑物构成较大的安全威胁,造成较大的人员伤亡事故,财产损失也会十分严重。因此对消防设计的审核,需要关注建筑物内部消防系统的设计是否合理,需要结合实际考虑到防火间距的设置是否合理。针对建筑物附近存在化工厂等危险场所的地带,对防火间距的测量更要严格谨慎,做到具体情况具体对待,实现消防设计的合理性和科学性。为了在紧急情况下能够迅速扑灭火灾,需要结合建筑物周边道路状况为消防车提供足够的空间。

2. 审核与验收防火区划分情况

需要检查防火区的划分情况。消防设计过程中划分合理的防火区可以防止火灾的蔓延,在较短的时间内将火灾控制在小范围内,防止可燃物燃烧后的浓烟大面积扩散,可以提高人群疏散过程中的能见度,保证人员快速撤离火灾现场,降低火灾带来的损失。科学划分出建筑物的防火区可以体现出抵御火灾的重要作用,通常将建筑物本身的耐火级别作为重要的依据开展防火区的划分工作。建筑物的耐火级别越高,防火能力就越强,可以有效降低建筑物的燃烧面积。另外,可以借助建筑产品本体结构的抗燃烧能力提高耐火等级,

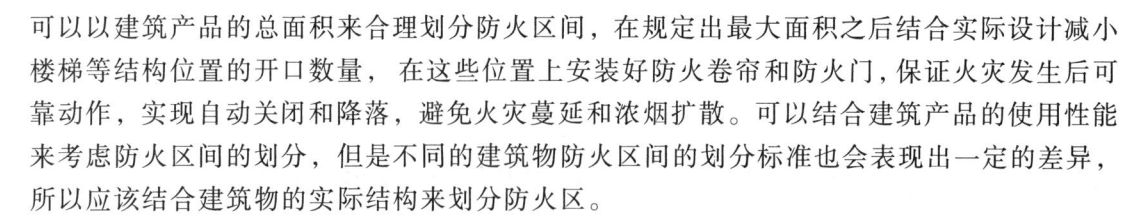

可以以建筑产品的总面积来合理划分防火区间，在规定出最大面积之后结合实际设计减小楼梯等结构位置的开口数量，在这些位置上安装好防火卷帘和防火门，保证火灾发生后可靠动作，实现自动关闭和降落，避免火灾蔓延和浓烟扩散。可以结合建筑产品的使用性能来考虑防火区间的划分，但是不同的建筑物防火区间的划分标准也会表现出一定的差异，所以应该结合建筑物的实际结构来划分防火区。

3. 审核与验收疏散 T 的合理性

在消防设计过程中，疏散 T 的设置是重要的环节，可以保证火灾发生后快速疏散人群，提高生存概率，降低经济损失。在消防疏散 T 的设计中，不同的建筑有不同的疏散要求，设计者需要充分掌握区域内人员的密集情况，需要考虑不同场所火灾的发生概率，例如在商场、医院等建筑中，需要重点考虑楼梯内紧急照明灯具的设置，并且布置可靠的消防工具系统。

（二）违反消防制度的法律责任

1. 未进行消防设计审查、验收或消防设计审查、验收不合格的法律责任

《消防法》第五十八条规定，违反规定，有下列行为之一的，由住房和城乡建设主管部门、消防救援机构按照各自职权责令停止施工、停止使用或者停产停业，并处三万元以上三十万元以下罚款：依法应当进行消防设计审查的建设工程，未经依法审查或者审查不合格，擅自施工的；依法应当进行消防验收的建设工程，未经消防验收或者消防验收不合格，擅自投入使用的；公众聚集场所未经消防救援机构许可，擅自投入使用、营业的，或者经核查发现场所使用、营业情况与承诺内容不符。核查发现公众聚集场所使用、营业情况与承诺内容不符，经责令限期改正，逾期不整改或者整改后仍达不到要求的，依法撤销相应许可。

2. 违反建筑工程消防标准的法律责任

《消防法》第五十九条规定，违反规定，有下列行为之一的，由住房和城乡建设主管部门责令改正或者停止施工，并处一万元以上十万元以下罚款：建设单位要求建筑设计单位或者建筑施工企业降低消防技术标准设计、施工的；建筑设计单位不按照消防技术标准强制性要求进行消防设计的；建筑施工企业不按照消防设计文件和消防技术标准施工，降低消防施工质量的；工程监理单位与建设单位或者建筑施工企业串通，弄虚作假，降低消防施工质量的。

《消防法》第六十条规定，单位违反规定，有下列行为之一的，责令改正，处五千元以上五万元以下罚款：消防设施、器材或者消防安全标志的配置、设置不符合国家标准、行业标准，或者未保持完好有效的；损坏、挪用或者擅自拆除、停用消防设施、器材的；占用、堵塞、封闭疏散 T、安全出口或者有其他妨碍安全疏散行为的；埋压、圈占、遮挡消火栓或者占用防火间距的；占用、堵塞、封闭消防车 T，妨碍消防车通行的；人员密集场所在门窗上设置影响逃生和灭火救援的障碍物的；对火灾隐患经消防救援机构通知后不及时采取措施消除的。个人有前述第二项、第三项、第四项、第五项行为之一的，处警告

或者五百元以下罚款。有上述第三项、第四项、第五项、第六项行为，经责令改正拒不改正的，强制执行，所需费用由违法行为人承担。

二、建筑工程的节能制度

工业、交通和建筑是国民经济的三大耗能领域，约占全社会终端总能耗的1/3，建筑耗能指建造、使用建筑过程中的能耗，前者指建筑材料、建筑构配件、建筑设备的生产和运输，以及建筑施工和安装中的能耗；后者包括房屋建筑和构筑物使用期内采暖、通风、空调、照明、家用电器、电梯和冷热水供应等的能耗。节能指加强用能管理，采取技术上可行、经济上合理以及环境和社会可以承受的措施，从能源生产到消费的各环节，降低能源消耗，减少损失和污染物排放、制止浪费，有效、合理地利用能源。

建筑节能包括建筑物节能和施工过程节能。建筑物节能指在建筑物的规划、设计、新建、改建、扩建、改造和使用过程中，执行节能标准，采用节能型的技术、工艺、设备、材料和产品，提高保温隔热性能和采暖供热、空调制冷制热系统效率，加强建筑物用能系统的运行管理，利用可再生能源，在保证室内热环境质量的前提下，降低其使用过程中能源消耗的活动。施工过程节能指在保证质量、安全等基本要求的前提下，通过科学管理、技术进步等手段，最大程度地节约资源，减少对环境产生负面影响的建筑活动从而实现节能、节地、节水、节材和环境保护。

建筑节能是缓解我国能源紧缺矛盾、改善人民生活工作条件、减轻环境污染、促进经济持续发展、落实节约能源基本国策的重要措施。我国促进建筑节能的法律渊源主要有《节约能源法》《建筑法》《民用建筑节能条例》《公共机构节能条例》《建设工程质量管理条例》，构建了建筑节能的监督制度并建立了建筑物节能与施工节能的行为规范。

（一）建筑节能的监督制度

我国对建筑节能的监督采用政府监督和行业监督两种方式，政府可直接行使监督建筑节能的权力，也可将部分权力授予其他相关主体行使。

1. 建筑节能的政府监督

政府监督建筑节能的部门包括工程监督的主管部门、省级监督总站、市区监督站以及县级监督站[①]。国务院建设主管部门负责全国建筑节能的监督管理工作；县级以上地方各级政府建设主管部门负责本行政区域内建筑节能的监督管理工作；县级以上地方各级政府建设主管部门会同同级管理节能工作的部门编制本行政区域内的建筑节能规划。建筑节能规划应当包括既有建筑节能改造计划。

政府对建筑节能的监督职能主要包括两方面。一是根据现实情况制定相应的建筑节能的监督法规内容，其内容既包括行政法规，还应包括建筑节能的规范标准；二是监管部门各司其职落实所制定的监督法规，发现其中不合理的部分并使监督法规和规范标准不断完善，加大对相关从业人员的培训教育，使其树立责任意识，不断提升履职能力。

---

① 白玲：《建筑节能和绿色施工监管》，载《工程质量》2021年第39卷第S1期，第59-61页。

建筑节能的国家标准、行业标准由国务院建设主管部门组织制定，并依照法定程序发布。省、自治区、直辖市人民政府建设主管部门可以根据本地实际情况，制定严于国家标准或者行业标准的地方建筑节能标准，并报国务院标准化主管部门和国务院建设主管部门备案。

根据《节约能源法》，国家实行节能目标责任制和节能评价考核制度，将节能目标完成情况作为对地方政府及其负责人考核评价的内容；省级地方政府每年要向国务院报告节能目标责任的履行情况。国家建立固定资产投资项目节能评估和审查制度，通过项目评估和节能评审，控制不符合强制性节能标准和节能设计规范的投资项目，遏制高耗能行业盲目发展和过快增长，对使用空调采暖、制冷的公共建筑实行室内温度控制制度；对实行集中供热的建筑实行供热分户计量，按照用热量收费的制度；制定并公布淘汰的用能产品、设备和生产工艺的目录及实施办法；禁止生产、进口、销售国家明令淘汰的用能产品、设备；鼓励在新建建筑和既有建筑节能改造中使用新型墙体材料等节能建筑材料和节能设备，安装和使用太阳能等可再生能源利用系统。

2. 建筑节能的行业监督

我国建筑节能的行业监督部门指得到政府监督部门的授权开展节能监督的建设工程监理单位、图纸审查机构、质量检测机构。行业监督部门主要有两方面的职能：一是为在得到业主的委托和授权之后通过相关的技术手段，对业主的建筑进行全面的监管；二是为施工单位提供相应的技术支持，具体表现在当施工单位进行建筑选材等相关工作时，为施工单位提供相应的技术支持对施工单位的工程质量进行监管并对监理服务工作的基本质量承担相应的责任，图纸审查机构还需要对相关的施工图纸进行深入的审查，使施工单位的建筑节能可以达到相应的标准。

（二）建设活动行为主体遵守节能标准的法定义务

建筑工程的建设、设计、施工和监理单位应当遵守建筑节能标准。

（1）不符合强制性节能标准的固定资产投资项目，依法负责项目审批或者核准的机关不得批准或者核准建设；建设单位不得开工建设；已经建成的，不得投入生产使用。建设单位应当按照建筑节能的标准及相关建设要求开展建设工作。建设单位不得以任何理由要求设计单位、施工单位降低建筑节能标准。不符合建筑节能标准的建筑工程，主管部门不得批准开工建设；已经开工建设的，应当责令停止施工、限期改正；已经建成的，不得销售或者使用。

（2）设计单位应当根据建筑节能及相关的规定进行设计并对设计的质量负责。审查单位应当对设计文件的节能标准进行审查，在审查报告中列明节能审查章节，不符合建筑节能强制性标准的，施工图设计文件审查结论为不合格。

（3）施工单位应当按照审查合格的设计文件和建筑节能标准的要求进行施工，保证工程的施工质量。

（4）监理单位应当依据法律、法规以及建筑节能标准、节能设计文件、建设工程承包合同及监理合同对节能工程建设实施监理。

(三) 鼓励建设活动行为主体的建筑节能行为

（1）鼓励在新建建筑和既有建筑节能改造中使用新型墙体材料等节能建筑材料和节能设备，安装和使用太阳能等可再生能源利用系统。

（2）鼓励和扶持在新建建筑和既有建筑节能改造中采用太阳能、地热能等可再生能源。在具备太阳能利用条件的地区，有关地方人民政府及其部门应当采取有效措施，鼓励和扶持单位、个人安装使用太阳能热水系统、照明系统、供热系统、采暖制冷系统等太阳能利用型、再生产品。有条件的地区，应当充分利用太阳能、地热能、风能等可再生能源。

（3）鼓励利用无毒无害的固体废物生产建筑材料，鼓励使用散装水泥，推广使用预拌混凝土和预拌砂浆。禁止损毁耕地烧砖。在国务院或者省、自治区、直辖市人民政府规定的期限和区域内，禁止生产、销售和使用黏土砖。

（4）鼓励和支持使用再生水。企业应当发展串联用水系统和循环用水系统，提高水的重复利用率。企业应当采用先进技术、工艺和设备，对生产过程中产生的废水进行再生利用。

（5）鼓励发展下列建筑节能技术和产品：新型节能墙体和屋面的保温、隔热技术与材料；节能门窗的保温隔热和密闭技术；集中供热和热、电、冷联产联供技术；供热采暖系统温度调控和分户热量计量技术与装置；太阳能、地热等可再生能源应用技术及设备；建筑照明节能技术与产品；空调制冷节能技术与产品；其他技术成熟、效果显著的节能技术和节能管理技术。

(四) 违反建筑节能规范应承担的法律责任

1. 建设活动行为主体违反建筑节能标准的法律责任

（1）建设单位未按照建筑节能强制性标准委托设计，擅自修改建设节能文件，明示或者暗示建设单位、施工单位违反建筑节能设计强制性标准，降低工程质量的，处20万以上50万元以下的罚款。

（2）设计单位未按照民用建筑节能强制性标准进行设计或者使用列入禁止使用目录的技术、工艺、材料和设备的，由县级以上地方人民政府建设主管部门责令改正，处10万以上30万以下的罚款；情节严重的，由颁发资质证书的部门责令改正，处10万元以上30万元以下的罚款；情节严重的，由颁发资质证书的部门责令停业整顿、降低资质等级或者吊销资质证书；造成损失的依法承担赔偿责任。

（3）施工单位有下列行为之一的，由县级以上地方人民政府建设主管部门责令改正，处10万元以上20万元以下的罚款；情节严重的，由颁发资质证书的部门责令停业整顿、降低资质等级或者吊销资质证书；造成损失的，依法承担赔偿责任：未对进入施工现场的墙体材料、保温材料、门窗、采暖制冷系统和照明设备进行查验的；使用不符合施工图设计文件要求的墙体材料、保温材料、门窗、采暖制冷系统和照明设备的；使用列入禁止使用目录的技术、工艺、材料和设备的。

（4）工程监理单位有下列行为之一的，由县级以上地方人民政府建设主管部门责令限期改正；逾期未改正的，处 10 万元以上 30 万元以下的罚款；情节严重的，由颁发资质证书的部门责令停业整顿，降低资质等级或者吊销资质证书：造成损失的，依法承担赔偿责任：未按照民用建筑节能强制性标准实施监理的；墙体、屋面的保温工程施工时，未采取旁站、巡视和平行检验等形式实施监理的。对不符合施工图设计文件要求的墙体材料、保温材料、门窗、采暖制冷系统和照明设备，按照符合施工图设计文件要求签字的，依照《建设工程质量管理条例》第六十七条的规定处罚。

此外，《民用建筑节能条例》规定：注册执业人员未执行民用建筑节能强制性标准的，由县级人民政府建设主管部门责令停止执业 3 个月以上 1 年以下；情节严重的，由颁发资格证书的部门吊销执业资格证书，5 年内不予注册。

2. 政府相关人员违反节能监督职责的法律责任

各级人民政府及其有关部门、单位违反国家有关规定和标准，以节能改造的名义对既有建筑进行扩建、改建的，对负有责任的主管人员和其他直接责任人员，依法给予处分。

县级以上人民政府有关部门有下列行为之一的，对负有责任的主管人员和其他直接责任人员依法给予处分；构成犯罪的，依法追究刑事责任：对设计方案不符合民用建筑节能强制性标准的民用建筑项目颁发建设工程规划许可证的；对不符合民用建筑节能强制性标准的设计方案出具合格意见的；对施工图设计文件不符合民用建筑节能强制性标准的民用建筑项目颁发施工许可证的；不依法履行监督管理职责的其他行为。

三、建设工程的环境保护制度

环境保护法是调整环境保护所涉社会关系的法律规范的总称，具有科学性、综合性、区域性和奖励与惩罚相结合性的特征，以经济建设与环境保护协调发展、预防为主并防治结合、污染者付费、政府对环境质量负责、依靠公民保护环境为基本原则。随着近几十年来地球环境日益恶化，环境保护法已成为一门新兴的独立法律分支，具有较完整的体系。工程建筑存在于一定的环境中，任何人为的工程建设活动必然对自然环境造成影响，因此，建设工程须达到环境保护法规定的环境保护标准。

我国现行环境保护法的形式渊源，除《宪法》《民法典》《刑法》等普通法外，主要包括：（1）环境保护基本法，即《环境保护法》；（2）环境保护专项法，即《大气污染防治法》《水污染防治法》《固体废物污染环境防治法》《海洋环境保护法》《环境噪声污染防治法》；（3）环境保护资源法及相关法，即《森林法》《草原法》《煤炭法》《矿产资源法》《渔业法》《土地管理法》《水法》《水土保持法》和《野生动物保护法》等多部环境保护资源法，《城乡规划法》《文物保护法》及《国境卫生检疫法》等与环境保护也密切相关；（4）环境保护部门规章，如《城市环境综合整治定量考核实施办法》《建设项目环境保护管理条例》等；（5）环境保护地方性法规和地方政府规章；（6）环境标准，包括环境质量标准、污染物排放标准、基础标准、方法标准等，其中环境质量标准和污染物排放标准为强制性标准；（7）国际环境保护公约，即中国政府为保护全球环境而签订的国际条约和议定书，国内环保法律与国际条约有不同规定时，应优先采用国际条约的规定（我国保留条件的条款除外）等。这些法律渊源规定了环境保护法的具体制度，并要求违反环境保护法的行为主体承担相应的民事责任、行政责任和刑事责任。

在我国境内建设工程,其建设活动及建筑物须符合以上各环境保护法规定的环境保护标准。其中,与工程建设活动环境保护有关的法律规范主要包括《环境保护法》《水污染防治法》《环境噪声污染防治法》《建设项目环境保护管理条例》和国际标准化组织的 ISO 14000 环境管理体系认证制度。

(一)《环境保护法》中与建设工程相关的规定

《环境保护法》要求合理地利用自然环境及其自然资源,防治废气、废渣、粉尘、垃圾等环境污染,防治滥伐森林、破坏草原、破坏植物、乱采乱挖矿产资源、滥捕滥猎野生动物等生态破坏,以创造清洁、适宜并符合生态系统健全发展的生态环境,保护公民健康,促进经济发展。

根据《环境保护法》,国务院环境保护行政主管部门,国家海洋行政主管部门,港务监督、渔政、渔港监督、军队环境保护部门,土地、矿产、林业、农业、水行政主管部门,各级公安、交通、铁道、民航管理部门,县以上人民政府及环境保护行政主管部门,是政府负责保护和改善环境的职能部门。《环境保护法》对建设项目和资源开发项目实行环境影响报告审批制度;在新建、扩建和改建工程中,对防治污染的工程设施与主体工程实行同时设计、同时施工、同时投入使用的"三同时"制度;对排放污染超标的单位,实行征收排污费制度;对污染物排放实行申报登记制度;对在重点保护区排放污染物超标的单位和对环境造成严重污染的单位限期治理的制度。

根据《环境保护法》,由国务院行政主管部门制定国家环境质量标准,对国家环境质量标准中未作规定的项目可以制定地方环境质量标准。国家应根据环境质量标准和国家经济、技术条件制定国家污染物排放标准。对于国家污染物排放标准中未作规定的项目,可以制定严于国家污染物排放标准的地方污染物排放标准,地方污染物排放标准须报国务院行政主管部门备案。

《环境保护法》规定,各级政府对具有代表性的各种类型的自然生态区域,珍稀、濒危的野生动植物自然分布区域,重要的水源涵养区域,具有重大科学文化价值的地质构造,溶洞和化石分布区、冰川、大山、温泉等自然遗迹,以及人文遗迹、古树名木,应当采取措施加以保护;在国务院及有关主管部门和省、自治区、直辖市人民政府划定的风景名胜区、自然保护区和其他需要特别保护的区域内,不得建设污染环境的工业生产设施,建设其他设施,其污染排放不得超过规定的排放标准。已建成的设施,其污染物排放超过规定标准的,应限期治理;开发利用自然资源,必须采取措施保护生态环境。

《环境保护法》规定,各级政府应加强对农业生态环境的保护,防止土壤污染,土地沙化、盐渍化、贫瘠化、沼泽化、地面沉降;防止植被破坏、水土流失,水源枯竭、种源灭绝及其他生态失调现象的发生和发展等。

(二)《水污染防治法》中与建设工程相关的规定

根据《水污染防治法》,防治水污染,应当按流域或者区域进行统一规划,经批准的水污染防治规划是防治水污染的基本依据。县以上地方人民政府应当根据依法批准的流域水污染防治规则,制定本行政区域的水污染防治规划并纳入本行政区域的国民经济和社会发展中长期计划和年度计划。国务院有关部门和地方人民政府应当合理规划工业布局,对造成水污染的企业进行整顿和改造,采取综合防治措施,提高水的重复利用率,合理利用资源,减少废水和污染物的排放量。县以上人民政府可以对风景名胜区水体、重要渔业水体和其他具有特殊经济文化价值的水体划定保护区并采取措施,保证保护区的水质符合规定用途的水质标准。城市污水应当进行集中处理与重复利用。国务院有关部门和各地方人民政府必须把保护城市水源和防治城市水污染纳入城市建设规划,建设和完善城市排水管网,有计划地建设城市污染水集中处理设施,加强城市水环境的综合整治;污水集中处理设施实行有偿服务,收取污水处理费,交污水处理费的不再缴纳排污费。省级以上政府可依法规定生活饮用水源保护区,保护区可分一级保护区和其他等级保护区。禁止向二级保护区水体排入污水;禁止在一级保护区内从事旅游、游泳;在二级保护区已设置的排污口,由当地政府限期拆除或限期治理。收集、存储、运输、处置危险废物的场所、设施设备和容器、包装物及其他物品转作他用时,必须经过消除污染的处理方可使用。

(三)《环境噪声污染防治法》中与建设工程相关的规定

根据《环境噪声污染防治法》,在城市范围内向周围生活环境排入工业与建筑施工噪声的,应当符合国家规定的工业企业厂界和建筑施工场界环境噪声排放标准;产生环境噪声污染的工业企业,应当采取有效措施,减轻噪声对周围生活的影响;国务院有关部门要对产生噪声污染的工业设备,根据噪声环境保护要求和技术经济条件,逐步在产品的国家标准和行业标准中规定噪声限值;在城市市区范围内,建筑施工过程可能产生噪声污染,施工单位须在开工 15 日以前向所在地县以上环境行政主管部门申报该工程采取的环境噪声污染防治情况;在城市市区噪声敏感区域内,禁止夜间进行产生噪声污染的施工作业,但个别情况除外者,必须公告附近居民。

(四)《建设项目环境保护管理条例》的主要内容

该办法适用于中国领域内的工业、交通、水利、农林、商业、卫生、文教、科研、旅游、市政等对环境有影响的一切基本建设项目和技术改造项目及区域开发建设项目,主要规定了建设工程项目的环境影响报告书审批制度和"三同时"制度。

建设工程项目的环境影响报告书审批制度适用于对环境有影响的新建、改建、扩建、技术改造项目及一切引进项目,建设项目的开发建设单位须在项目的可行性研究阶段完成规定内容的环境影响评价报告书(报告表)。各级政府的环境保护部门对建设项目的环境保护实施统一的监督管理,各级计划、土地管理基建、技改、银行、物资、工商行政部门都应结合该规定将建设项目的环境保护管理工作纳入工作计划。该办法还具体规定了对建设项目环境影响报告书的编制要求、审批权限,并对从事环境影响评价的单位实施资格审查制度,其做出的环境影响评价结果能为项目的决策、项目的选址、产品方向、建设计划和规模以及建成后的环境监测和管理提供科学依据。

"三同时"制度指新建、扩建和改建项目和技术改造项目的环保设施要与主体工程同时设计、同时施工、同时投产的制度,对扩建、改建、技改工程必须对原有污染在经济合理条件下同时进行治理，要求建设项目建成后其污染物的排放必须达到国家或地方规定的标准并符合环境保护法的规定。

（五）ISO 14000 环境管理体系认证制度

ISO 14000 是 ISO（国际标准化组织）推出的管理系列标准，其融合了许多发达国家在环境管理方面的经验，包括为制定、实施、实现、评审和保持环境方针所需的组织结构、策划活动、职责、惯例、程序过程和资源，具有完整性和操作性强的特征。ISO 14000 包括环境方针、规划、实施与运行、检查与纠正措施和管理评审五大部分内容，其中，ISO 14001 是环境管理体系标准的主干标准，它是企业建立和实施环境管理体系并通过认证的依据，ISO 14000 环境管理体系的国际标准，旨在规范企业和社会团体等所有组织的环境行为，实现节省资源、减少环境污染、提升环境质量和经济可持续发展的目的。

我国的建筑施工企业需推行实施 ISO 14000，要求企业主动守法，自觉遵守法律，满足防治污染、达标排放、环境影响评价、三同时、排污登记、排污收费、总量控制、目标责任制等的环境保护法的具体要求。

案例

江阴市 K 铜材有限公司、陈某污染环境罪

📁 基本案情

被告人陈某于 2015 年在江阴市周庄镇××路×号经营被告单位 K 公司从事铜材的制造、加工。2016 年 9 月至 2018 年 6 月期间，被告人陈某无酸洗环评许可，在被告单位 K 公司铜材生产过程中进行酸洗作业，并将酸洗后的废水未经处理直接排入污水管道和通过引流沟排入雨水窖井，最终排放至外环境。2018 年 2 月至案发，被告人陈某指派余某（另案处理）专门从事酸洗操作。2018 年 6 月 19 日经江阴市环境监测站对被告单位排放水进行水样检测，引流沟积存水样总铬为 11.6 mg/L、总铜为 6120 mg/L，超过《污水综合排放标准》（GB 8978—1996）中规定的总铬、总铜排放限值，其中总铬排放浓度超标 7.7 倍，总铜排放浓度超标 12 240 倍。

📁 裁判要旨

法院经审理认为，被告单位 K 公司违反环境保护相关法律规定，从事铜材加工时通过逃避监管的方式排放含重金属的污染物，其中重金属铬超过国家污染物排放标准三倍以上，铜含量超过国家污染物排放标准十倍以上，应当认定为"严重污染环境"，被告单位 K 公司已构成污染环境罪。被告人陈某作为 K 公司直接负责的主管人员，应承担污染环境罪的刑事责任。判决被告单位江阴市科裕特铜材有限公司犯污染环境罪，判处罚金人民币二十万元；被告人陈某犯污染环境罪，判处有期徒刑十个月，并处罚金人民币八万元。

📁 案件评析

《刑法》第三百三十八条规定:"违反国家规定,排放、倾倒或者处置有放射性的废物、含传染病病原体的废物、有毒物质或者其他有害物质,严重污染环境的,处三年以下有期徒刑或者拘役,并处或者单处罚金;……。"《刑法》第三十一条规定:"单位犯罪的,对单位判处罚金,并对其直接负责的主管人员和其他直接责任人员判处刑罚。"相关单位有保护环境的义务,造成严重环境污染或人民生命、财产重大损失的会面临不利的法律后果,本案中被告人没有遵守法律的相关规定,造成了环境污染,一审法院的判决正确。

思考题

1. 简述违反建筑工程消防应承担的法律责任。
2. 简述建设工程项目环境影响评价制度的主要内容。
3. 简述违反建设工程项目环境保护强制性标准可能承担的法律责任。

参考文献

[1] 袁日新. 工程建设法[M]. 北京：化学工业出版社，2017.

[2] 齐红军. 工程建设法规[M]. 北京：北京理工大学出版社，2020.

[3] 何佰洲，宿辉. 工程建设法规与案例[M]. 北京：中国建筑工业出版社，2019.

[4] 刘文锋. 建设法规概论[M]. 3版. 北京：高等教育出版社，2019.

[5] 郭玲玲. 建设法规[M]. 2版. 南京：南京大学出版社，2018.

[6] 刘仁辉，刘莎. 建设工程与房地产法规[M]. 北京：机械工业出版社，2019.

[7] 周剑云，戚冬瑾. 中国城市规划法规体系[M]. 北京：中国建筑工业出版社，2006.

[8] 姜明安. 行政法与行政诉讼法[M]. 北京：北京大学出版社，2014.

[9] 崔令之，席虎啸. 论我国农村集体建设用地使用权流转制度的完善[J]. 法学杂志 2015（8）：77-84.

[10] 姜楠. 集体建设用地使用权制度的困局与突破[J]. 法治研究，2021（5）：99-107.

[11] 王爽. 土地征用和房屋拆迁中公共利益与个人利益的平衡：以《国有土地上房屋征收和补偿条例》为视角[J].经济研究导刊，2011（17）：182-183.

[12] 朱广新. 房屋征收补偿范围与标准的思考[J].法学，2011（5）：21-30.

[13] 房绍坤. 国有土地上房屋征收的法律问题与对策[J].中国法学，2012（1）：55-63.

[14] 焦清扬. 国有土地上房屋征收的立法透析与制度反思[J].河南财经政法大学学报，2016（1）：121-130.

[15] 耿宝建. 国有土地上房屋征收与补偿的十个具体问题：从三起公报案例谈起[J].法律适用，2017（9）：89-98.

[16] 耿玉娟. 论房屋征收补偿数额的合理性司法审查[J].政治与法律，2018（6）：73-81.

[17] 严金明. 我国征地制度的演变与改革目标和改革路径的选择[J].经济理论与经济管理，2009（1）：39-43.

[18] 徐济益. 被征地农民安置制度的困境与优化[J].华南农业大学学报(社会科学版),2018（2）：22-30.

[19] 丁国民. 农村征地补偿费用分配纠纷解决机制的优化[J]. 农村经济，2020（5）：1-9.

[20] 宗栋. 公共建筑工程质量法律监管分析：评《建设工程质量监管法律机制研究》[J].工业建筑2021，51（4）：10005.